销售与口才

把话说到客户心里去

吴翰林◎著

中国致公出版社
China Zhigong Press

图书在版编目（CIP）数据

销售与口才：把话说到客户心里去 / 吴翰林著.
—北京：中国致公出版社，2017

ISBN 978-7-5145-1007-2

Ⅰ.①销… Ⅱ.①吴… Ⅲ.①销售—口才学 Ⅳ.
①F713.3②H019

中国版本图书馆CIP数据核字（2016）第307368号

销售与口才：把话说到客户心里去

吴翰林 著

责任编辑：宋修华

责任印制：岳 珍

出版发行：中国致公出版社

地 址：北京市朝阳区八里庄西里100号住邦2000商务中心1号楼东区15层

邮 编：100025

电 话：010-85869872（发行部）

经 销：全国新华书店

印 刷：三河市金泰源印务有限公司

开 本：710mm×1000mm 1/16

印 张：16

字 数：250千字

版 次：2017年2月第1版 2017年2月第1次印刷

定 价：35.00元

目 录

CONTENTS

第三章　找准客户兴趣点，语言要有针对性

销售很艰难，因为客户给我们的时间就是那么短，在有限的时间里说有效的话，说正确的话，这是销售沟通永恒不变的黄金定律，通俗一点说，就是要把话说到点子上。

第四章　销售的话一定是直击人心的

什么话最能打动人心？那就是说到心坎儿上的话。如果你的言谈刚好能契合客户的心理需求，刚好是客户的所思所想，那么，接下来的销售还有什么难的呢？

第五章　调动成交氛围，让语言符合节奏

说话不能只关注说的内容，说的方式也很重要，哪里需要停顿，哪里需要高亢，用什么样的语气，用什么样的语调，如何训练自己的嗓音……这些都需要销售员认真对待。

CONTENTS

第八章 销售要有战略和战术

销售是个技术活儿，是需要你用你的智慧去完成它的。话该怎么说，怎么有策略得说，怎么说才能达到目的，这些都是销售员每天都需要面对的问题。

第九章 开拓客户必备的销售口才

在你接近客户之前，需要为自己“造势”，“造势”的话该怎么说，该让谁说，该对谁说，这些都是你张开嘴巴之前要考虑清楚的问题。

第十章 产品介绍时的销售口才

一位著名企业家说过：“不论是顾客还是老板，都只需要专业的人才。”

对于销售人员来说，仅仅是博得客户的好感是不够的，更重要的是要赢得客户的信任，使其最终购买我们的商品才是最终目的所在。因此，对于有关商品的专业知识也是销售人员必须掌握的。业务素质应该是销售人员的基础“硬件”。

营销人员是否具有良好的业务素质，直接影响其工作业绩。营销人员应具备的业务素质是指其业务知识。一般来说，业务知识主要包括企业知识、产品知识、顾客知识、市场知识等方面。

作为一个优秀推销员，必须了解自己的企业、自己所推销的产品、自己将要面对的竞争者，成为行家里手，才算是一个职业推销员。

CONTENTS

第十三章　售后服务中必备的销售口才

很多销售员对客户的抱怨不以为然，认为只要能说服客户从钱包里掏钱就可以了，至于他们那些意见没必要太理会，其实这是大错特错的。

从某种意义上来说，客户是销售员的衣食父母。他们还应尊重客户，认真对待客户提出的各种意见及抱怨，并真正重视起来，这样售后服务才能得到有效改进。

第一章

金牌销售一定是说话行家

对于销售人员来说，要想赢得客户的喜欢与接纳，就必须具备一定的沟通技能与说话艺术，只有这样，才能打开与客户沟通的大门，彼此的心灵才能产生共鸣，并为双方的交易关系搭起一座桥梁。

1. 有一流的口才才有一流的业绩

在这个万象杂陈的社会，作为销售人员，其最基本的日常工作就是要面对形形色色的顾客，并时刻准备着去应对各种各样的突发事件。不论是与顾客的接触，还是对突发事件的处理，都离不开双方之间的有效沟通，而这种有效沟通恰恰正是建立在销售人员出色的口才基础之上。

因此，销售人员需要具备一流的口才技巧。因为，在销售实践中，销售人员要面对的更多的是对自己所推销商品不甚了解的顾客，如果缺乏相应的推销口才技巧，那么很难吸引顾客的注意力、打开销售局面，也就谈不上商品的成功销售了。

一个经验不足的推销员，挎着一个小包走进了一家公司。进去之后，他径直走到最近的一张办公桌前，低声问道："小姐，财务部在哪里？"

对方答道："在斜对面。"

过了一会儿，财务部的出纳进来了，"主管，来了个推销验钞机的，要不要？"

"不要，这种小商贩的东西不可靠。"

出纳离开后，推销员又走进了主管的办公室，大概知道是主管不同意购买，于是就踌躇着走到桌边，一时间竟忘了称呼，唯唯诺诺地说道：

"要不要验钞机，买一个吧。"他几乎是在用乞求的语气重复道。

"我们不需要，就这样吧。"主管头也不抬地说。

过了一会，一直没人理他，那位推销员自感无趣，碰了一鼻子灰，最后只好悄悄地退了出去。

看起来，这个推销员是让人同情的，但我们应该知道的是，市场不相信眼泪，更不会去同情弱者。因为这个推销员的推销口才基本上没有任何技巧可言，平淡的话语很难让人对其人及其商品产生兴趣，因此对他的拒绝也是在情理之中的。

销售员要想成功地实现销售，一个至关重要的环节就是首先用自己的言谈来吸引客户的注意力，使客户对推销的对象产生兴趣，进而才有可能说服客户，并促使其最终做出购买的决定。在推销的过程中，销售员应该想方设法通过短暂的接触和谈话来博取对方的好感，也就是要充分展示自己的口才魅力，这是进行成功销售的一个必要前提。

日本著明推销之神原一平，在打开推销局面、取得客户对自己的信任上，有一套独特有效的方法：

“先生，您好！”

“你是谁啊？”

“我是明治保险公司的原一平，今天我到贵地，有两件事来专程请教您这位附近最有名的老板。”

“附近最有名的老板？”

“是啊！根据我调查的结果，大家都说这个问题最好请教您。”

“哦！大伙儿都说是我！真是不敢当，到底什么问题呢？”

“实不相瞒，就是如何有效地规避税收和风险的事。”

“站着不方便，请进来说话吧！”

陌生拜访时销售员的日常工作之一，就像开始提及的那个推销人员，就未免显得有点唐突，而且很容易招致对方的反感，从而导致了顾客的拒绝。如果先拐弯抹角地恭维客户一番，再根据自己的推销需要，提出相关的问题，就能够比较容易地获得对方的好感，那么，随后的推销过程就会顺利很多。

从以上反正两个推销实例我们不难发现，销售口才的好坏与得当与否，在很大程度上左右着销售工作的成败。

在当今社会，一个人要想在与别人的交往中取得有利地位，获得成功，就离不开好口才，而销售工作尤其如此。在面对顾客的销售过程中，如果我们连话都说不清楚，辞不达意，与客户沟通起来总是说不到客户心里，难以打动对方，甚至让客户感觉别扭，所以也就根本谈不上销售的成功。可以说，作为销售员，口才的好坏直接关系到能否顺利将商品推销出去。拥有好口才，会让你的销售之路越走越平坦，因为，成功销售离不开好口才。

◎好口才可以吸引客户的注意力；
◎拥有好口才可以自如地与客户进行交谈；
◎好口才可以激发客户的兴趣，激起对方的购买欲望；
◎好口才可以消除客户的疑虑，赢得对方的信任；
◎好口才可以将相关信息有效地传递给客户；
◎好口才能够缓解销售中的气氛；
◎好口才能让你摆脱销售中的沟通困境；
◎好口才可以让你掌握洽谈的主动权；
◎好口才可以变被动为主动，扭转局面；
◎好口才帮你有效实施推销策略，完成交易；
◎好口才有助于赢得更多的客户。

归根结底，销售工作的各个环节都离不开口才的发挥。在现代社会，良好的口才是每一个有追求的销售人员所必须具备的一项基本本领。拥有好口才，是销售员走向成功的关键和有力保证。

2. 会说话才能赢得大客户

产品要好看才能好卖，销售员要会说才能有大客户。销售员更要有一张会唱歌的嘴。把不动听的说动听，把方的说圆。当然，这并不是要提倡欺蒙客户，而是要巧妙地利于语言魅力与客户打交道。

美国的新泽西与宾夕法尼亚是相邻的两个州，为了降低机动车的保险支出，两个州都制定了相应的法律。制定法律的目的是，假如驾车的人放弃对某些交通事件的起诉权，就可以少缴纳一些保险费。但两个州法律的表达方式却截然不同。

其中，宾州的规定是：要拥有所有交通事件的起诉权，除非另外声明。

新泽西州的规定是：要自动放弃某些交通事件的起诉权，除非另外声明。

在新泽西州，有80％的人选择有限起诉权，而宾州只有25％的人做同样的选择。

为什么会出现这样的结果？仔细研究一下，这两种说法的意思是一样的。但是结果截然不同。一个是假定拥有完全的起诉权，可以声明只要求有限起诉权，那样可以少交钱。另外一个说法是：假定现在拥有的就是有限起诉权，有权获得完全起诉权，但需要声明才能获取，并且需要交钱。比较而言，人们更倾向于选择不交钱的那一种方案。

所以说，会说话是一门艺术，同一个意思，表达方式不同，结果就不同。做为销售员一定要明白这个道理，然后才能运用。虽说人们要买的产品是为了实用，但外观、造型、包装并非不重要。在现代商业竞争日益激烈的情况下，后者更日显重要。只有看起来让客户舒服的产品，才能刺激客户的购买欲。古时候，有个卖珠人，为了好看和方便，给珠子配了一个雅致的盒子，这样很快便将珠子卖掉了。有趣的是，买珠子的人把盒子留下，而将珠子拿来还给原来的卖珠人了。这便是买椟还珠的寓言。可见外观、装潢的作用了。装潢好了，还要看销售员的嘴巴。能把要说的做到比唱的还好听，这样客户才愿意买。

一家钟表店出售一块造型过时的手表，这种手表已多年不生产了。有一天恰巧来了一对夫妻，丈夫给妻子买表。这妻子眼睛近视，需要手表时针和分针都很粗大，且颜色与表面反差要大，刚好这块过时的手表符合这些特点，只是造型太丑了些。丈夫否定了这只表，刚要走，卖表人拉住了他，对他说：“这块手表外形的确有点过时，但这块手表的时针、分针粗大对你妻子却很合适，你错过了这个店，还买不到呢！”丈夫觉得卖表人说得有理，便买了这块手表。很显然，如果不是这个卖表人会说话，这个生意肯定泡汤了。能言善辩，说话中听，是销售员必备的一种素质。

销售员主要的工作是为了销售产品，可是客户被得罪了，他肯定不会买销售员销售的产品。所以，只要不欺骗客户，会说话就是一门艺术，能让不顺耳的话顺耳，不满意的客户满意。打个比方说，一位妇女身材很胖，她要买一双高跟鞋。如果直接告诉她：你这么胖，还穿高跟鞋！她听了肯定会生气。可是假如巧妙地这样说：你的脚比较丰满，中跟鞋会更稳当。她不一定会生气。同样一个事实，同样一个意思，她听起来就舒服多了。

很多销售员简单地认为好的语言表达能力就是滔滔不绝，事实上远非如此。判断销售员是否具有好的语言表达能力，要从他所使用的语言的说服力上分析。销售的核心是说服，说服力的强弱是衡量销售员水平的标准之一。很多时候滔滔不绝不但不能说服客户，还有可能引起客户的反感，真正的说服需要技巧。那些真正具有说服力的销售员并非都能口若悬河，只要掌握方法，一个木讷、呆板甚至说话结巴的销售员都能够具有超强的说服力。

要想成为具有说服力的一流销售员，应该避免消极的语言，给客户积极的感受。具有说服力与感染力的语言，首先必须是积极的。很多销售员不太注意这一点，所以在销售过程中总得不到客户的热烈回应。一位机器设备销售员在回答客户有关产品性能方面的问题时是这样回答的：“胡总，您说的问题确实存在，这对您的使用不会造成很大的影响。”后来那次销售砸了。几天后，另一位销售同样机器的销售员也来拜访胡总，面对同样的问题，这位销售员是这样回答的：“胡总，我保证您今后几年都会因为购买了我们的产品而高兴的！易于操作、功率强劲一直都是这款机器的特点！”最后这位销售员成功了。从逻辑上说，两名销售员所说的内容是相同的，但是因为前一位使用了消极的语言所以大败而归，而后一位使用了积极的语言而取得了成功。

不管面对的是怎样的客户，也不管所处的环境如何，如果有积极的词汇可以选择，那么就要完全避免不必要的消极词汇出现。销售员要说“这种产品真的不错！”而不要说“它绝对不会出差错”；要说“我们能为您提供更加全面周到的服务”而不要说“和我们合作您就不必再担心合作伙伴不能履约为您带来的损失”。

总的来说，销售员说话，一是要准确、得体、热情；二是要善于以褒代贬；三是要委婉文雅有礼貌；四是要简洁、中肯、客观。这就是销售员要掌握的语言能力。

3. 第一句话就要打动客户

有销售经验的人都知道，前往客户处进行陌生拜访，并不是一种理想的推销方式，它的成功率也不高。但是，如果能提前预约到客户的话，那么就会极大地增强推销活动的针对性与成功率。

对销售员来讲，一旦能让客户接受你的推销“预约”，那么你就已经完成了推销的关键性工作，接下来就是如何向客户介绍你的产品或服务了。

无数销售员的成功经验证明，预约客户的方法可以使推销工作变得更加容易。一旦你清楚地认识到预约客户的奥妙时，就不会再毫无目的地盲目奔走了，而是只需努力地做好预约工作，就可以实现目标了。

首先对客户进行预约的好处在于：

第一，能够节约双方的时间。预约不但节省了销售员自己的时间，还节省了客户的时间。

第二，预约可以让客户产生这种想法：推销员知道他们很忙，所以才特意预约他们。他们会认为这是销售员在为他们着想，而且也是一种对他们的尊重。所以，在具体的接触过程中，这类客户自然就会珍惜和销售员在一起的时间，并且会更认真地听销售员的推销。

在预约客户的过程中，销售人员需要掌握一定的语言技巧。如果预约的客户是你认识的，应该很好处理。如果对方是你不认识的，他通常会问：“你见我有什么事吗？”

你应该切记的是，这时可不是向客户推销的好机会，如果你说你想推销什么的话，那么很可能就会导致预约的失败。因为，在这时，你并不知道接电话的人是否需要你所推销的商品，所以正确的预约应该只是一次会谈而已。

所以，销售人员在给客户打预约电话时，要不断地提醒自己，千万不要谈生意。因为，此时你的任务只有一项，那就是成功预约到客户。

艾伦曾通过电话预约一个名叫博格的客户。这是一个非常繁忙的商人。下面是艾伦和他的对话：

艾伦："博格先生，我是鲍勃·艾伦，是理查德·弗兰克先生的朋友。您一定还记得他吧！"

博格："是的。"

艾伦："博格先生，我是人寿保险推销员，理查德先生建议我应该结识您。我知道您很忙，我能在这个星期的某天去打搅您5分钟吗？"

博格："你见我有何贵干？是想推销保险吗？几个星期前就有许多保险公司已经和我谈过了。"

艾伦："那也没关系，博格先生。如果我想向您推销什么，就算您看走眼了。明天早上9点，您能不能给我几分钟的时间呢？"

博格："好吧。我9点半还有另一个约会。"

艾伦："如果见面时间超过了5分钟，也算您看走眼了。"

博格："好吧。你最好在9：15到。"

艾伦："谢谢，我一定准时到达。"

就这样，艾伦成功地预约到了商人博格。

当然，也有些成功的销售员并不采用这种预约的方式来开展业务，但是只要客户向他们询问，他们都会在每星期那固定的几天给客户打电话的，而且这几天的时间也是固定的。换句话说，他们这也是一种预约。因此，对销售员来讲，只要能让客户接受你推销的"预约"，你就已经完成了销售的一个关键环节，接下来就是如何向客户介绍你的产品或服务了。

在实际的销售过程中，我们经常会遇到一些很难约见的客户。然而，正是这些难以求见的客户，一旦和他们完成了预约，他们就将会是最好的客户。只要你足够尊重他们，并把握住机会，他们一般是不会拒绝你的。

那么，在预约客户时需要注意哪些问题呢？以下就是和那些难以求见的客户打交道的行之有效的预约时的语言技巧。

技巧一：

“约翰先生，什么时间见您最好呢？是早上还是下午？或是这个星期的什么时间？”

技巧二：

“这个星期由您安排时间，我们一起吃午饭好吗？12点或12点半都行。”

技巧三：

如果客户的时间确实很紧，但又确实想见你的话，你可以这样问：“您今天进城有车吗？”如果他说没有，你可以用自己的车去送他，还可以趁机向他解释：“这样的话，我们就可以有几分钟在一起了。”

方法四：

如果预约的时间提前太多的话，你将会发现许多客户会设法在预订下来的某个固定时间和你见面。例如，当你在本周五早上制订下一周的工作计划时，不妨先给一个客户打电话说：“您好，我下星期三会到您的邻居家去，我可以去拜访您吗？”当对方同意后，你就可以和他定下具体的时间。

4. 好口才让陌生感顿时消失

相信几乎每一个销售员都曾经遭遇过客户的冷遇，吃过闭门羹，特别是在对客户进行陌生拜访时就更是如此。而客户之所以冷遇销售人员，大多是出于他们的疑虑和反感——有的是对销售人员的疑虑和反感，有的是对产品的疑虑和反感。如何消除客户的冷漠和反感，是决定销售工作能否顺利进行的一个关键。这时，如果销售员拥有杰出的口才，就有助于消除客户的疑虑，促进交易的成功。

两个不太熟悉的人互相交流时，冷场是经常可能出现的情况。向河水中投块石子，探明水的深浅再前进，就能有把握地过河；与陌生人交谈，先提一些“投石”式的问题，在略有了解后再有目的地交谈，便能谈得更为自如。如“老兄在哪儿发财？”“您孩子多大了？”等。

青竹商城刚刚开业，为了有一个好的开始，商城的老板对所有的销售人员宣布：

“谁做成了第一笔生意，谁就将获得1000元奖金。”

为了得到这1000元奖金，所有的销售人员都使出了浑身解数。

所有的销售人员都清楚，来到刚刚开业的商场，大多数的消费者都持有一种“看看这里到底怎么样”的心理，真正想要购买商品的顾客只占很少一部分。

有几位顾客进门了。其中一位女士停在了小王的化妆品专柜前，小王紧紧抓住这个时机，热情地招呼说：

“您好，欢迎光临，有什么要我帮忙的？”

女士看也不看小王，眼睛继续东扫扫西看看。

小王又问：“你看中了哪一种？需要我给您建议吗？”

这时，女士有些不耐烦地说：“我随便看看！”

情况突然陷入了沉默。小王想了一会，决定不放过这次机会，更何况，这也是对自己能力的一个挑战。眼看女士马上就要离开，小王稍稍提高了声音说道：“其实你的皮肤很好，不涂任何化妆品都会很好看。”

女士听了这句话很开心，但还是不说什么，好像也没有打算买东西的样子，却不急着离开了。小王又说：“但是也不能不注意保养，只有保养得好，皮肤才不容易衰老。如果不注意保养，再好的皮肤过了二十五岁都会开始衰老，挡也挡不住。等到那个时候再开始保养，就已经来不及了。”

女士抬起头说：“那什么样的保养品比较好呢？”

“您属于混合性皮肤，根据我的经验，您应该适合这一种。”说着，小王从柜台里拿出了一瓶化妆品。“这个牌子的化妆品质量好，效果也好，而且价钱也不贵，更重要的是厂家已经有一百多年的历史了，品质绝对是信得过的，您可以放心使用。”

那位女士还有些犹豫不决，拿着瓶子闻了又闻。场面再一次陷入了尴尬。

小王见状又说："这种是雨天过后小草的清香，刚开始闻可能不太习惯，但是它的确很迷人，可以给人一种清新的感觉，这跟您的气质也很适合。而且我们商场刚刚开张，肯定是全市最低价。"

女士听了，不再犹豫，随即买下了这件商品。临走时她对小王说："你真是厉害，其实我本来只是打算随便看看的，昨天刚买了一瓶，你看，在你的劝说下，我又买了一瓶。"

最终，小王赢得了那份奖金。小王的成功之处就在于说了一些客套话，避免冷场，因为一旦冷场，就给顾客制造了离开的机会。

5. 妙语连接起与客户的内心之桥

随着市场上商品的越来越丰富与竞争的越来越激烈，现在的客户也变得越来越理智，说服他们购买你的产品的难度也越来越大。但我们应该知道的是，这个世界上本来就没有好办的事，但也没有办不成的事。这种严峻的市场现实，对广大从事销售工作的人员来说，不仅仅只是一种挑战，而且更是一种机遇。因为，机遇永远只会垂青于那些有准备的人，但问题的关键是，对此，你准备好了吗?

销售是一项极具挑战性的工作，它要求从业人员要根据市场的变化及客户消费心理的变化，来不断地对自己的销售策略与沟通技巧进行优化调整。必须承认的是现在的客户正变得越来越理智，他们不会再因为花言巧语就轻易地掏出自己的钱包，但是我们应该知道，如果能够在销售用语上多花费一些心思，有时确实能够起到意想不到的效果，能够将"一盘死棋"彻底盘活，这种逆转，从以下的案例中可见一斑。

美国新泽西州的一对老夫妇准备卖掉他们的房子，他们委托一位房地产经纪公司承销。这家经纪公司为这栋房子在报纸上刊登了一个广告，广告的内容很简短："出售住宅一套，有六个房间，壁炉、车库、浴室一应俱全，交通十分方便。”

但是，广告刊出一个多月后仍然无人问津。无奈之下，那对老夫妇只好又登了一次广告，这次他们亲自撰写了广告词：“住在这所房里，我们感到非常幸福。只是由于两个卧室不够用，我们才决定搬家。如果您喜欢在春天呼吸湿润新鲜的空气，如果您喜欢夏天庭院里绿树成荫，如果您喜欢在秋天一边欣赏音乐一边透过宽敞的落地窗极目远方，如果您喜欢在冬天的傍晚全家人守着温暖的壁炉喝咖啡，那么请您购买我们的这所房子，我们也只想把房子卖给这样的人。”结果，广告刊出还不到一个星期，他们就搬家了。

这对老夫妇最终成功地推销出了他们的老房子，发生这种逆转的关键在于他们那更富煽动性、更具吸引力的销售广告语言。因为，他们的推销语言中不仅含有商品的信息，同时也运用了更具艺术性的语言将相关信息表述得更加新颖，更有针对性，从而增强信息刺激的力度，从而加速了客户将购买意图转化为购买行为的进程。

无数的成功销售实践一再证明，拥有好口才，特别是那种能够很好地抓住客户心理弱点的口才，是促成销售成功的一个关键前提。它完全能够使已经陷于僵局的销售工作取得重大突破。

台湾某著名电脑公司推销员阿信苦闷极了，自己在推销电脑的过程中几乎绞尽了脑汁，去谈论产品的性能如何如何好，但客户们似乎都没有兴趣。电脑推销不出去，他对自己也越来越没有信心，于是心灰意冷地走进一家餐厅，闷闷不乐地自斟自饮。

坐在他邻桌的是一位太太和她的两个孩子，他们正在吃午餐，那个男孩长得胖乎乎的，什么都吃，长得很结实；那个瘦弱的女孩却紧皱着眉头，举着双筷子将盘子里的菜翻来拨去，就是不吃。

那位太太有些着急，轻声开导小女孩：“别挑食，要多吃些蔬菜，不注意营养怎么能行呢？”这样一连说了几遍，但小女孩仍将嘴巴撅得老高，还是不肯吃。这位太太渐渐失去了耐心，不断地用手指敲桌面，脸上布满了怒容。

看到这种情景，阿信喃喃自语：“这位太太的蔬菜跟我的电脑一样，‘推销'不出去了。"正说话间，一位年轻服务员走近了那个小女孩，对着她的耳朵悄悄说了几句话。让人感到意外的是，听了服务员的话后，那女孩马上就大口大口地吃了起来，边吃边斜视着那个男孩。

那位太太很惊奇，就把服务员拉到一边问道："你用了什么办法，让我那犟丫头听话？"

服务员微笑着说："马不想喝水的时候，随你死拉活拽它也不会靠近水槽，要想让它喝水，得先让它吃些盐，它口渴了，你再牵它去喝水，它就会乖乖地跟你走。太太，不瞒您说，你经常带孩子来吃饭，我也经常看到小男孩欺负小女孩。我刚才激妹妹说：'哥哥不是老欺侮你吗？吃了蔬菜，长得比他更胖，更有力气，看他还敢打你吗？"

旁观的阿信听了后暗暗叫绝："太妙了，自己的电脑推销不也是这种道理吗！"有了这种想法后，他立即对自己曾经的失败推销经历进行了反思，找出了其症结所在，并对自己下一步的推销工作进行了优化调整，随后便开始了行动。

第二天，他敲开一家公司采购部负责人的办公室，这家公司他以前曾经来过多次，但都没能成功。

这一次，阿信不再滔滔不绝地讲述产品性能，而是微笑着问："先生，我不想多说我的产品，我只想问贵公司目前最关心的是什么？贵公司目前为什么事而烦恼？"

对方叹了口气："承蒙先生这么关心，我就直说了吧，我们最头痛的问题，是如何减少存货，如何提高利率，您的产品我们真的没兴趣呀。"

阿信却没有说什么，马上回到电脑公司，请专家设计了一整套方案：如何使用自己公司的电脑，使公司存货减少、利率增加。

当阿信再度去拜访这个公司采购部负责人时，边出示那套方案，边热情介绍："先生，请您看一下这套方案，希望能够减轻您的烦恼。"

采购部负责人将信将疑翻开那些资料，越看越高兴："先生，你的策划方案太好了！请将资料留下，我要向上级报告，我们肯定会向你订购电脑的。"

后来，他们果真向阿信订了一大批货。

阿信的这种销售经历，真可谓是“山重水复疑无路，柳暗花明又一村”。

6. 一句话调动客户的好奇心

人们只有在真心喜欢一件商品，而且确实需要这种商品时，才会心甘情愿地去购买，而喜欢的基础便是好奇心与兴趣，是购买的欲望。正由于此，那些成功的销售人员总是善于从这个突破口入手，用自己巧舌如簧的口才去激发顾客的购买欲望。

在20世纪60年代，美国有一位著名的推销员乔·格兰德尔，由于他经常在推销的过程中施展一些小招术，而被人们称为“花招先生”。他在拜访客户时，通常会把一个三分钟的蛋形计时器放在顾客的桌上，在顾客展现出惊奇的表情后，再对他们说说：“请您给我三分钟，三分钟一过，当最后一粒沙穿过玻璃瓶之后，如果您不再需要我继续讲下去，我就立即离开。”就这样，顾客就被他的这种离奇的言行吸引住了。

此外，他还会利用各式各样的花招，让自己有足够的时间来向客户推销，并让对方对他所销售的产品产生兴趣。

“太太，您可知道世界上最懒的东西是什么？”

顾客摇摇头，表示不知道。

“那就是您存放起来不花的钱，它们本来可以用来购买空调，让您度过一个凉爽的夏天。”推销员说。

他就是这样通过制造一些悬念，来激起对方的好奇，随后再顺水推舟地来推介自己的商品。

格兰德尔的这种利用口才销售的方式，到后来逐渐发展成了一种有效的推销模式，其基本特征如下：

（1）在与顾客见面时进行恰当的提问

“您想知道，能够使你的营业额提高50％的方法吗？”

对于这种问题，相信大部分的人都会回答有兴趣。当顾客被这种问题吸引并为之所动时，销售人员就应该立即接着说："我只占用您大概10分钟的时间来向您介绍这种方法，当您听完后，您完全可以自行来判断这种方法是不是适合您。"

在这种情况下，由于销售人员已经提前告知了客户，不会占用他太多的时间，而且同时又让顾客明白了，在销售的过程中主动权是掌握在他们手中。这样就有效消除了顾客的抵触心理，从而才能够使销售活动进一步向前发展。

（2）好口才才能掌握推销的主动权

在与顾客接触的过程中，一个好的销售人员是不能够让顾客感到你是在强迫他们购买的，也就是要让他们认为主动权是在他们手中的，但是销售人员也必须掌握好一个度，即用你的言谈来牵引顾客的思路。

作为一个成功的销售员，必须要让顾客的思想跟着你走。如果达不到这种程度，就不能将局面引向对自己有利的方面。这样下去的话，销售工作也就很难取得成功。所以在与顾客沟通的过程中必须要掌握主动权，而掌握主动权的关键又在于你的销售口才。

大量的销售实践证明，巧妙有效的语言表达，完全可以使本来极不利于自己的形势发生逆转。

一个销售员是这样开始与顾客的沟通的：

"哦，好可爱的小狗，是英国的金毛寻回犬吧？"

顾客看到对方说话很友善，又在夸赞自己的小狗，心中很高兴，于是回答说："是的。"

销售员接着又说："这狗毛色真好，您一定经常给它洗澡，很累吧？"

顾客笑嘻嘻地答道："是啊，不过它也算是我的伴，也给我的生活增添了不少快乐，习惯了，也就不觉得累了。"

销售员于是进一步分析说："人不能太孤独，是得有个陪伴，养犬是调节精神、有利身心健康的活动，我觉得应该大力提倡。"

顾客听了这位人士的话，心里感觉很舒服。于是，就和销售员攀谈了起来。而销售员也就抓住这个机会，并适时转换话题，来巧妙地推介自己的产品。这种情况下的销售，成功的概率也就比较大了。

因此，销售员在接近顾客时，如果讲些容易被顾客接受的话题，尤其是一些对方感兴趣的话题，就很容易与对方攀谈起来，并将商品适时销售出去，这也是推销成功的一种屡试不爽的最基本方法。

（3）好口才能赢取顾客的信任

好口才并不代表一定要口若悬河，并不是要具有把死人说活了的本事。一个称职的优秀销售员，在面对顾客时，他们会根据对方的脾气、性格与禀赋，来准确揣摩顾客的心理，抓住顾客的弱点，因人、因情况而异来展开自己的推销活动，来准确地使用推销语言，而非使用一些让人难以置信的花巧辞令，仅仅准确抓住顾客的心理需求，言简意赅地介绍商品的性能、用途、质地以及维修、保养等知识，也许并不需要太多的、精彩的语言，就能够真正赢得顾客的信赖。

有一位推销员到乡村去推销电饭锅。由于当时农村大多采用的还是原始的烧火煮饭，根本就不知道电饭锅是什么。只见这位推销员走进一家炊烟袅袅的农家，在厨房里一边帮主人烧火，一边感慨道：

"要是做饭不用烧火该多好啊！"

主妇笑了起来：

"天下哪有这种好事啊，再说我们祖祖辈辈都是这么做饭的。"

"有啊，"推销员看时机成熟了，就拿着电饭锅说："我这口锅煮饭就不用烧柴，你不信的话，咱们可以试试看。"

说完他便忙着放水，下米，插电源。同时向主妇解释其原理及使用的方法。饭煮好后，主妇一尝，不烂不糊，味道很好。推销员于是乘机说："更妙的是，用这种锅煮饭的时候你不用一直在旁边看着，可以休息或干些别的事情。"

主妇做梦也没有想到居然还有这种好用又方便的东西，而且这种产品是该销售员专门挑选好，为农村市场准备的，操作简便实用，物美价廉。于是那位早就想从繁忙的厨房事务中解脱出来的主妇，当即就决定买下了一台电饭锅，并且还跑到她的左邻右舍那去介绍，做了义务推销员。

7. 成交往往决定于一两句话

归根结底，销售的过程也就是销售人员“说服”顾客的过程，一个称职的销售员应该在与顾客沟通的过程中，去消除顾客心中的一个个疑虑，最终说服他们做出购买的决定。这个“说服”过程的长短乃至成败，直接取决于销售员的口才技巧与说话艺术。

哈罗德是一个成功的服装推销员，他专门面向高端顾客推销男士高级职业套装。

哈罗德的推销对象一般都是一些有较高社会地位的人，因此，他为自己设计了这样一种常见的接触客户时的开场白：“我到这儿是想能成为您的服装供应商。我知道，如果您从我这儿买服装的话，您肯定是因为信任我，信任我的公司和我的产品。我希望您能对我有信心，首先我想向您先简单地介绍一下我自己。

“我做这份工作有几年时间了，在这之前我上过大学，专业就是时装设计，也学过纺织，我相信自己不会比别人差，尤其是在帮助您挑选适合您的服装时不会比别人逊色。”

“我们的公司已经有三十多年的历史了，我们拥有自己的商店。自从开业以来，公司以每年20％的增长速度在扩展，而且大部分的销售额都来自回头客。我们愿意为顾客提供所需要的各式服装，而且一直努力希望成为本行业的佼佼者。当然我们是否最好，就取决于您和其他顾客的判断了。我保证，只要您给我一点信心，看到我的产品，就会发现我们确实很棒。”

“我公司生产职业套装、运动套装、休闲服饰、轻便大衣和家居服装等等，只要是您需要的，我们就能生产。我们可以为您订做您喜欢的样式，所有服装都出自于我们自己的商店。您不可能从别人那里买到像我们这样做工精细，并且价钱如此公道的服装。当然，您可以买更昂贵的服装，也可以买更廉价的服装，但是您付出同样的价格从我公司购买时，您会得到更棒的产品，这也正是本公司最具竞争实力的优势。

“先生，您认为如何呢？”

哈罗德采取这种介绍方式已经许久了，而且也收到了非常好的效果。在推销过程中通过恰当得体的自我介绍来说服顾客听下去，来建立信任，并在建立信任的过程中进行推销。

有一次哈罗德向一位律师推销几种西服，在哈罗德告诉他价格之前，他一直盯着两件西服看。

想了一会儿，他问哈罗德："这两件多少钱？"

当哈罗德报出价钱后，他就不再说话了。根据多年的销售经验，哈罗德知道他是觉得贵了，知道除非他能赢得对方的信任并能摆出理由让他相信，用比他以前所花的要多得多的钱来买这两套西服对他而言，是个明智的选择，不然的话这笔交易就很难完成了。

这时，哈罗德注意到停车坪上的新凯迪拉克（车检牌上说明那是这位律师的车），便装出一副神秘的样子问他："我能问您一个问题吗？"

"问吧。"他回答说。

"您开的什么车？"

"哦，我有辆凯迪拉克。"

"那在这辆凯迪拉克前，您开什么车？"

"也是辆凯迪拉克。"

"在您开凯迪拉克前，您还开过什么牌子的车？"

"那是辆雪铁龙"。

"您记不记得，当您从雪铁龙换到凯迪拉克时对价钱是不是也很关心呢？"

他很快就理解了哈罗德的用意所在，说："我明白了。"那时，价钱也就不再是个问题了，而他一次就买了那两套西服。

如果一个时常在服装上花钱很少的顾客抱怨哈罗德产品的价格高时，哈罗德会说："先生，我知道您觉得比您平时多付这100多美元是不值得，我理解您的心情，但我相信，一旦您穿上我们生产的西服，您一定会觉得您比以前更出色。我可以向您证明一下您该信任我的产品，我愿意给您一个试穿的机会。这样好吗？在30天左右您可以拿到西服，然后还有60天的试穿时间，如果您觉得不值，可以随时把我叫过来，我会把那100多美元还给您。这样，您就不必多花钱了。”

这种做法也给哈罗德带来了不少成功的买卖，而且还从未有人60天后要哈罗德退回100多美元。他们的反应通常是：“好，我想我该相信您……”或者别的相同意思的话。

所以，我们说销售的过程就是一个说服的过程，销售现场也是销售人员口才水平的一个试金场所，销售员话术水平的高低直接左右着销售活动的发展方向。

第二章

读准客户的心理焦点再说话

人的心理瞬息万变，似乎是难以捉摸的。就像小儿的任性多变，恋人的神秘难懂。这给我们的说服工作带来了很大的困难，于是总是出现所答非所问、有心栽花花不发、事倍功半的情况。为什么会出了力却不讨好呢？

这是你没有研究透你所要说服的人的心理所致。

1. 一分钟洞察客户的心

一个有经验的销售员，可以从客户的外貌、衣着、气质、行动、言谈举止判断出这个客户的购买力。进而通过客户的种种表现，准确把握住客户的内心世界。

这就为实施下一步的说服，创造了有利条件。

往往表现得傲慢、漫不经心的客户是真正的大买家，对交易细节过分追求的人极有可能成为你的长期忠实客户。但是这些客户也是最难打发的，因为他们对品质的追求到了让人难以忍受的地步，比如大家都知道的日本客户，对产品的生产环节和品质非常苛刻，以至于使对方很难做。

而表现出很疲惫或者一副愧疚的样子的客户，他可能并不想接受你的服务，所以急于出手的你最好还是打住，而是以放松客户的心情为主。

气质高贵、衣饰考究、言辞犀利的客户可能一掷千金，让你赚个盆钵满满，对这样的客户就不要啰唆俗套，因为他的到来说明他已经看上你的产品或者服务了，所以你应该把重点放在交易过程和价格以及售后服务上。

客户对看中的产品或者服务最关心的是价格问题和售后服务，尤其是当交易数量和金额相当大时，他就会考虑物有所值和买得称心如意，你的价格公道实惠，而且售后服务又好，会让客户从心理上认为自己买得正确，是合理的必要的投资，不至于后悔窝火，认为自己的眼力有问题。所以在对待这样的客户的问题上，说服一定要斩钉截铁、简洁明白、清晰有力，做到报价明晰，服务周到，不让客户有太多的顾虑，始终让客户认为自己的选择是正确的，整个交易也是以他为主动、为核心的。

世上一切隐秘之事均存在于人的内心，全由人内心的变化而起，为着不可与人说的目的隐藏了起来。说服者要找到这些变化，了解其规律，并采用相应的策略来应对。

古往今来，研究人的内心心理的书籍可谓汗牛充栋，古代有相术卦理，现代有心理学学科研究。而在说服人的方面，很早就有演说、辩论术的研究。在古希腊，演说、辩论是发表政见的最常用的形式。在中国也有墨子与公输班论辩的记载，战国时期许多有识之士更是以说服为职业，游走于各诸侯国的君王之间，为实现自己的政治理想而奋斗。

斗转星移，现代的许多西方大国的元首在任职之前都要经过一系列的政治演说说服民众、战胜竞选对手，才能宣誓就职，就连作为社会的良心、为他人伸张正义的律师也要有一口超群的辩才，才能肩负起为自己的辩护人维权的责任。

在古龙的小说《多情剑客无情剑》里，李寻欢在决斗之前会对环境进行勘察，对步伐的方位进行部署，连阳光照射的角度也丝毫不放过。

其实无论是古人还是今天的仁人志士，都一致认为人的隐秘内心还是可以掌握的，是有规律可循的，说服别人实现自己的意愿也是可行的，是有技巧可以探寻的。

尽管客户的心理很难把握，但我们还是可以在说服的过程中解读他的内心。这种解读往往要求我们和客户要有面对面的交锋！

而交锋的胜负，往往就取决于销售员的耐心和说服智慧。

耐心的效用：

（1）可以拖垮客户强烈的戒备心理，让他感觉在这场心理游戏中没有了优势所带来的乐趣，他已经备感疲倦以至心力交瘁，只想早日获得解脱；

（2）让客户觉得你对这场心理游戏的角逐充满信心，而且你的坚持也让他看到了你身上的某些优秀品质，觉得你是一个很敬业很有职业操守的人，从而对你乃至你的工作和业务能力产生了信任感，进而产生购买你的产品或者服务的欲望。

而说服智慧的巧妙运用，可以让你一步一步解除客户自造的重重心理铠甲。如果说客户是寒冰，那么你就是温热的水，让他在无边渗透的温暖里慢慢融化！

这种技巧，在下面这个案例中得到了精彩的演绎。

周黎是某广告公司的销售员，她在去某知名公司收取一笔广告费时遇到了麻烦。

事情是这样的，在五一劳动节前夕，广告公司会将全市的知名企业归类整合成统一的广告版面向广大消费者做宣传。由于本单位和该公司以前有过业务往来，所以周黎没有像对其他客户那样去亲自拜访，而是以电话形式敲定的。

但当版面出来以后，周黎按照惯例去收取广告费时，该公司的经理却怎么也不承认了。

不承认的原因是没有书面的协议以及合同，只有单方面的电话记录不能作为收费的依据。虽然广告公司以前和该公司有过业务往来，但是交易不是周黎完成的，这个客户是广告公司其他的销售员跟的。对方的经理和周黎在此之前也不熟，更不要说谈业务了。

周黎必须收回广告费，这是和她的工资挂钩的，收不回来对于她的收入而言是个损失，对她在公司刚刚建立起来的威信也是极大的打击。

当她看到那个经理在接见她时的傲慢和得意，心里就有一股无名的怒火！但她明白，必须理智才能讨回广告费，才能赢得这个客户对自己的尊重。

于是，她调查清楚了该经理的上班规律，知道他是一周上六天班，星期天休息，通常都是上午9点到下午5点之前必定在公司的。而且避开生意人的禁忌——清早一开张或者刚办公时是不接待收款的人的，认为不吉利。

所以她选择在上午10：30—11：00的时段去拜访他。

刚开始，那个经理客气地接待了她，但在还款的问题上坚决予以否认。于是周黎先拿出刊登该公司广告的版面以及电话记录，包括公司开具的发票、协议和合约，表明这件事是确实发生了的，是有合法手续的；进而表明广告宣传的必要性——对该公司这样的大企业是有百利而无一害的。再进而表明两家公司以前就有良好的合作历史，是有坚实的商业合作基础的，不论是哪一个销售员做的单，其实都是代表两家公司的合作的，是两家公司的利益和友谊的结合，而不是为了某个个人的利益而言的，最后，她也亮出了职场许多销售员的“撒手锏”——“您是公司的经理，对公司的大小事务都是有决策权的，这区区广告费对您来说根本就不在话下，何况我们现在也熟悉了，以后还是有很多的合作机会的，因为这么一点蝇头小利耽误了您的宝贵时间和我们两家公司以前愉快合作的基础是不值得的！”

可以看出，在利用这个所谓的“撒手锏”时，周黎没有像一般销售员那样对这个经理的职权加以夸张的恭维和对其过分施压。而是以两家公司的利益为重，把两家公司以后继续合作的前景作为了说服重点，这其中的轻重她想那个经理是会掂量的。

因为全市有影响力的广告公司也就那么几家，何况自己公司的优势就是在价格方面，如果他决绝地一意孤行，可能就要花费更大的成本来做相同效力的宣传了。

但经理因为话已出口，不好收回，还是不愿缴款。于是周黎只有再来，但此后的几次对方都非常冷淡，几乎对她置之不理。

周黎没有争吵，对方的业务繁忙，办公室里来来往往的人很多，有好多是对方的长期客户，所以周黎只是坐在一边静观，不发一言，她也不想让对方因此失去生意。但是这样对方还是受不了，于是对周黎说：“我下个星期要出差，你还是回去吧。”周黎问清楚出差时间是一个星期，于是信守承诺，一个多星期没有去该公司。

等那个经理出差回来的第三天，周黎再次去催款。这个时候，那位经理已经彻底缴械了，而且对周黎的业务工作大加赞赏，说：“像你这样有见地有吃苦精神的销售员，就是神鬼也不敢拦道啊，我们公司的销售员要是都有你这样的职业精神，我们公司会变得更强大！”

他还向周黎说起自己年轻的时候跑业务的经历，并语重心长地向她传授了一些自己的业务心得。这位经理说笑是说笑，但在工作上还是很严谨的，他在向周黎所在的公司咨询、核实之后才在支票上签字并签署了合同。

2. 看懂客户的眼神

眼睛所传递的信号是最有价值也是最为准确的。为什么这么说呢？因为眼睛是传达身体感受的焦点，瞳孔的运动是独立、自觉、不受意识控制的。

眼睛就是人的一扇窗户，你在想什么，通过这扇窗户看得一清二楚。事实上，在我们的肢体语言里，眼睛所传递的信号是最有价值也是最为准确的。为什么这么说呢？因为眼睛是传达身体感受的焦点，瞳孔的运动是独立、自觉、不受意识控制的。

销售人员在和客户交谈的过程中，时时注意观察他们的眼睛能更好地了解客户的真实想法。舌头能骗人，眼睛骗人可不是那么容易就能做到的，没有经过特工式的专业训练，普通人的眼睛简直就是他的内心！下面，我们就在谈话中常见的几种眼神来具体看看他们在想些什么。

注视——他的目光投向哪儿

彼此的眼神相交，是真正形成沟通和交流的基础。和客户交谈时，为什么有时会感觉舒服愉快，有时却感觉局促不安，甚至有时还会有赶快远离客户的想法。这些想法的产生因人而异，但追其源头都是从眼神开始的。在你和客户交流时，客户注视你的时间和面对你的注视所做出的反应，很大程度上决定了对你的态度。

一般情况下，两个人交谈时第一次目光接触，往往先移开视线的人比较弱势。很明显，保持注视对方的姿态，隐含着挑战的意味。当你和客户对视的时候，你有没有体会到这一点呢？仔细观察你会发现，当客户对你的观点不认同时，他往往会长久地注视你。所以，不要以为客户盯着你看就是喜欢你，关注你。如果客户转移目光，很可能代表着他已经被你的话打动了，表示了“屈服”。

斜视——我不是很确定

客户转移了视线，目光变得游离起来，不是正视你，而是斜视，这又代表着什么呢？斜视的内容很丰富，有可能表示感兴趣，也可能表示不确定，还可能是敌意。如何区分呢？

当客户斜视时眉毛微微上扬或者面带笑容，很可能就表示对你的话很感兴趣，恋爱中的女孩子经常将之作为求爱的信号。

如果斜视时眉毛压低、眉头紧皱或者嘴角下拉，那就很可能代表的是猜疑或者是敌意。人们都有这样的心理：面对一个你不想见到的人，你不经意地就会去看别的地方，尽可能地摆脱这个人。把目光转向其他地方，通常是对谈话失去兴趣的表现。所以，在和客户交谈的时候，千万不能斜视，以免引起客户不快。当客户斜视我们的时候，我们要想办法把客户的眼光拉回来，让他更专注地看着你。

眨眼——频率决定态度

通常，自高自大的人会用延长眨眼的间隔来显示自己高人一等，有时候还会脑袋后仰，长时间地凝视你。一般来说，眨眼的频率比较慢，大多含有蔑视的意思。如果你和客户交谈的时候，发现客户眨眼的频率变得很拖沓，那就意味着你的话没有打动他，表现不够精彩，这时候你必须采取新的策略激发客户的兴趣。

3. 洞悉客户的想法

顾客在成交过程中会产生一系列复杂、微妙的心理活动，他们的这些心理对成交有至关重要的影响。

归纳起来，顾客的消费心理主要有以下几种。

（1）求实心理

这是顾客普遍存在的心理动机。他们购买物品时，首先要求商品必须具备实际的使用价值，讲究实用。有这种动机的顾客，在选购商品时，特别重视商品的质量效用，讲求朴实大方，经久耐用，而不过分强调外型的新颖、美观、色调、线条及商品的“个性”特点，他们在挑选商品时认真、仔细。

（2）求美心理

爱美之心，人皆有之。有求美心理的人，喜欢追求商品的欣赏价值和艺术价值，这在中、青年妇女和文艺界人士中较为多见，在经济发达国家的顾客中也较为普遍。他们在挑选商品时，特别注重商品本身的造型美、色彩美，注重商品对人体的美化作用，对环境的装饰作用，以便达到艺术欣赏和精神享受的目的。

（3）求新心理

求新心理是指客户在购买产品时，往往特别钟情于时髦和新奇的商品，即追求时髦的心理。客户通过对时尚产品的追求来获得一种心理上的满足。求新心理是客户普遍存在的心理，在这种心理左右下，客户表现出对新产品有独特的爱好。

追新求异是人的普遍心理和行为，满足客户的求新心理也是推销员所进行推销工作的一个重点。求新心理的利用主要是针对追求新异的客户。当然每一个客户都不同程度地追求新异，因此求新心理可以普遍利用。

（4）求利心理

这是一种“少花钱多办事”的心理动机，其核心是“廉价”。有求利心理的顾客，在选购商品时，往往要对同类商品之间的价格差异进行仔细的比较，还喜欢选购折价或处理商品。

客户有求利心理的主要原因有二：

一是经济收入不太充裕和勤俭持家的传统思想。这种状况和思想在我国普遍存在，它要求用尽可能少的经济付出求得尽可能多的回报；

二是习惯性购买。由于以往过着相当清贫的生活，因此对产品的要求也相当低，只要产品价格最低，产品质量都是很无所谓的事情。抱有这种心理的客户对产品的唯一要求就是绝对要便宜。但是往往是这类客户花了最多的钱，却没有买到理想的商品。

（5）求名心理

求名心理是指相当多的客户在购买产品时，喜欢选择自己所熟悉的产品，而在熟悉的商品中，又特别喜欢购买名牌产品。

在客户眼中，名牌代表标准，代表高质量，代表较高的价格，也代表着客户的身份和社会地位。客户往往会为了追求产品的质量保证，或者为了弥补自己产品知识的不足而选购名牌产品。当然也有些客户购买名牌是为了炫耀阔绰或者显示自己与众不同的身份和地位，以求得到心理上的满足。

具有这种心理的人，普遍存在于社会的各阶层，尤其是在现代社会中，由于名牌效应的影响，吃穿住行使用名牌，不仅提高了生活质量，更是一个人社会地位的体现。

(6)从众心理

客户的从众心理是指，客户在对产品的认识和行为上不由自主地趋向于同多数人相一致的购买行为。从客户的主观因素方面考虑，主要原因有：

一是客户本人的性格。意志薄弱型和顺从型性格的客户的从众心理很强；

二是客户产品知识的缺乏导致的自信心不足。这类情况往往出现在单件花费较大的产品上；

三是客户从利益角度分析，认为随着大多数人购买总会得到好处，不可能多数人都判断失误，即使上当，也是一起上当，以求得心理上的平衡。

(7)偏好心理

这是一种以满足个人特殊爱好和情趣为目的的购买心理。有偏好心理动机的人，喜欢购买某一类型的商品。例如，有的人爱养花，有的人爱集邮，有的人爱摄影，有的人爱字画等等。这种偏好性往往同某种专业、知识、生活情趣等有关。因而偏好性购买心理动机也往往比较理智，指向也比较稳定，具有经常性和持续性的特点。

(8)自尊心理

有这种心理的顾客，在购物时，既追求商品的使用价值，又追求精神方面的高雅。他们在购买行动之前，就希望他的购买行为受到推销员的欢迎和热情友好的接待。经常有这样的情况，有的顾客满怀希望地进商店买东西，一见推销员的脸冷若冰霜，就转身而去，到别的商店去买。

(9)疑虑心理

这是一种瞻前顾后的购物心理动机，其核心是怕“上当”“吃亏”。他们在购买物品的过程中，对商品的质量、性能、功效持怀疑态度，怕不好使用，怕上当受骗，满脑子的疑虑。因此，反复向推销员询问，仔细地检查商品，并非常关心售后服务工作，直到心中的疑虑解除后，才肯掏钱购买。

(10)安全心理

有这种心理的人，他们对欲购的物品，要求必须能确保安全，尤其像食品、药品、洗涤用品、卫生用品、电器用品和交通工具等，不能出任何问题。因此，非常重视食品的保鲜期，药品有无副作用，洗涤用品有无化学反应，电器用具有无漏电现象等。在推销员解说、保证后，才能放心地购买。

（11）隐秘心理

有这种心理的人，购物时不愿为他人所知，常常采取“秘密行动”。他们一旦选中某件商品，而周围无旁人观看时，便迅速成交。青年购买和性有关的商品时常会这样。一些知名度很高的名人在购买高档商品时，也有类似表现。

充分了解顾客的心理是推销员成功的关键因素，也是一个企业经营者在产品开发、创新、定位、宣传……不可缺少的条件。只有了解了顾客的消费心理，我们才能知道顾客在想什么，我们能做什么。

一个聪明的推销员应该知道客户的消费心理，然后在推销中对症下药，征服客户。

4. 关注每一个销售信号

无论是在推销员的日常推销工作中，还是在经营者的销售谈判中，对方的一个动作就透露了他们的真实想法，那么我们便知道从哪里入手，采取应对措施。

第一种：表示怀疑的肢体语言

下列身体语言是客户表示猜测与怀疑的信号：

眼睛看着天花板，或者是拉下眼镜、低着头、眼睛向上看人，好像是说：“你在耍我了，你认为我很好骗，是不是？”

手揉搓鼻子、摸胡子或者摸后脑勺。

身体向椅背靠，两手交叉放在胸前。

皱眉、假笑或头左右大幅度地摇摆，嘴巴张得大大的，表现出一副不相信、吃惊或“一脸讽刺”的样子。

挑起眉头，眼睛往旁边看。

嘴巴微微张开，手指放在下牙齿上，表现出一副困惑的样子……

这类客户根据自身使用过不好而又类似的机器的经验，觉得你提供的数据根本就不真实。因此，当销售员的论点变得牵强附会与难以置信时，即使是真的，客户也会有所怀疑。这种猜测、怀疑与反对，一般都会通过身体语言清楚地告诉人们："我不相信你所说的话。"客户需要更多的证据来证明销售员说的话是真实的。

第二种：表示不满、反感的肢体语言

下面是客户生气、沮丧或其他不愉快的典型的身体语言信号：

身体突然挑衅性地摆动，手势忽动忽停，还有其他一些突然性动作。比如，上半身突然前倾，手指不停地摇晃。

双手交叉放在胸前，而手指紧紧地抓住上臂。

双手紧紧地抓住桌子或大腿，或者紧紧抓住椅子的扶手。

站立时，双手紧紧地放在背后，两腿站得笔直，而且纹丝不动。

不停地揉鼻子，抓后脑勺、脖子或脸颊，表现出一种不耐烦的情绪。

既不笑也不做出反应地点头，整个下巴的肌肉都绷得紧紧的，双眉紧锁，有时眼睛还向别处张望。

在许多销售场合中，经常会引起客户发怒、争吵、防范、失望或者其他怀有敌意的行为。

第三种：表示积极态度的肢体语言

下面是客户发出的积极的身体语言：

客户微笑、点头或其他兴奋积极的脸部表情。

双手自然地放在桌子上，或者手势自然、友好；双脚突然不再交叉；手臂也不再交叉放在胸前；其他动作也轻松自然，表现出当事人的观念已经在改变。

拍一拍你的手臂、肩膀或背部，这样的动作表现出对你的温暖、友好、关心或同情的姿态。但是，需要注意的是，触摸行为表达出一种强烈的情绪，而且如果这种行为发生在男女之间，那么，这种行为反而会给人一种不真诚或胁迫的感觉，从而使人难以接受甚至感到厌恶。

身体坐得靠近一点。这看起来好像是一种彼此之间的关系比较密切的信号。

讨论期间，解开外套的扣子或者脱下外套，或直接卷起袖子。可能表示愿意接受他人的看法与建议。

客户坐在椅子的边缘，上身微微前倾，表现出一副渴望仔细倾听销售员所说的每一个字的样子；而其两腿却在桌椅下自然下垂，只用脚尖点地，这种姿势通常说明客户已经准备签订购买合同或愿意同销售员合作等。

如果客户专注地观看产品展示或产品示范，这将是一个好兆头，表示客户对销售员和对谈话的内容有浓厚的兴趣。

头微微倾斜。这种姿势通常表示完全接受谈话内容。

两手缓慢地相互搓揉，看样子是等不及想买下来！

站着时，两脚张得很开，而两手又放在臀部上。

第四种：客户表示考虑的肢体语言

这方面的信号有：

坐在椅子上，身体会向前倾，不断地自言自语："嗯，嗯……"

客户目光呆滞或者两眼瞪视，通常是眼睛望着窗外或者是看着地板、墙壁或天花板，双眉紧锁，头一动也不动。

客户看似在娴熟地擦拭着眼镜，而实际上根本就没有这样做。

客户双手交叉放在背后，低着头，肩膀下垂，眼睛紧紧地盯着地，装出一副沉思的样子。

客户不停地摆弄着自己的头发、胡须等。

客户慢吞吞地、若有所思地、反复地摆弄着某件物品以拖延时间。

客户的头下垂，双眼紧闭，一只手轻轻地抚摸着自己的鼻子，双唇相互磨擦，或者一只手轻松地抚摸前额。

客户的一只手托着下巴，手指置于脸的两颊，同时，轻轻地抚摸着脸颊……

第五种：客户表示冷漠、无动于衷的肢体语言

漠不关心的身体语言信号的表现为：

客户既不提出问题、做出解释，也不提出要求，以此来表示自己对销售员的话题不感兴趣。

目光呆滞，看起来像一个木讷呆板的人，或者看上去像一个睁着眼睛睡觉的人。

客户的整个身子都转到销售员的另一边。

客户心不在焉地在笔记本上乱涂乱画，时不时地看看表，清洁手指甲等。

客户在下面各干各的，好像销售员做的产品展示与自己无关似的，要不就是彼此间说笑话。

手指敲桌子、双脚不停地敲地板，或者拍打身上的某个地方，或者做出拿着笔玩之类的不耐烦的动作。

客户的双脚交叉，并且左右快速移动，或者有韵律地踢着。

客户在椅子上坐立不安，眼睛不愿意正视销售员，反而是在不断地东张西望，试图寻找一些有趣味的事物。

第六种：有意拖延时间的肢体语言

不集中精力倾听销售员说话，阅读文学作品、日程表，反复阅读同一份文件。

客户头和眼皮下垂，双手托着下巴，好像整个人都瘫在椅子上，双腿向前伸得笔直。

客户在与销售员讨论问题时不停地点头，同时，口中发出断断续续的“嗯”“哈”的声音，一直持续到访问结束。

5. 把痛苦说透，把好处说够

有这样一首诗：

缺少一个钉子，就会掉了一个马蹄铁。

缺少一个马蹄铁，就会影响一匹战马奔跑的速度。

战马跑不快，就会耽误一个情报。

缺少一个情报，就会输掉一场战斗。

战斗的失利，就会输掉整个战争。

输掉整个战争，整个国家就会随之灭亡。

这一切都是因为缺少一根钉子。

如果这只是为了把一根钉子卖给一位正在准备出击敌国的将军，你猜他会买吗？当然会。一个钉子就有可能断送领土，失去一个国家，将军当然愿意买一根小小的廉价的钉子来避免以后的重大损失。这就是一个典型的扩大痛苦的例子。

在推销过程中，扩大客户痛苦的过程也就是如何把客户的小问题变成大问题的过程。因为很多时候，我们到了推销的最后阶段，客户因为各种原因往往会犹豫不决，继而拒绝购买，很多交易就是因为这个原因而成为了泡影。为了提高成交的概率，销售员就必须把客户的问题或痛苦扩大，从而迫使客户愿意购买。

美国最大的保险代理商伊德·伊尔曼曾对他的客户说："米格，即使你认为现在最好不做决定，我们今天也必须拿出一个解决办法来。这里有两条选择，你自己看着办。一条是你同意投资3000美元购买保险，而这份保险将来可能被证明买得没有必要。虽然你我都不愿意犯哪怕是1美元的错，但是我相信你的生意和生活方式绝不会因为这点小错误而被根本改变。另一种选择是你迟迟不做决定、无动于衷，这样或许能节约3000美元……但是你想过没有？这样也可能导致你损失50万美元的错误。难道你看不出现在要改正这个巨大的错误是多么的轻而易举吗？……尤其是当你处在生意发展最关键的时刻。"

在这个例子中，客户面临着两种选择，一种选择可以使他得到潜在的利益，而另一种选择却意味着很大的风险，如果不做出购买决定的话，必将自担风险和损失。

面对销售员这种技巧，客户会在潜意识里感到必须重视这个自己原来没有意识到的严重的问题，从而痛快地做出购买决定。

一位销售员向准保户展示一套非常好的残废所得补偿计划。该销售员已经试探过两次了，而他两次都回答同样的答案："我就是需要一段时间考虑看看。"

销售员："这是很正常的反应。除了需要时间考虑之外，是否还有其他任何理由，使您不能立刻就申请投保这一套保障计划呢？"

准保户："没有其他的原因了，我只是需要时间考虑考虑罢了。"

销售员："先生，想象这么一幅画面：现在是上午10点钟，您正埋首于办公桌前，您觉得非常惬意！您心里正想着：‘我真觉得满意，一切都很顺利，业务蒸蒸日上，利润越来越丰厚，情况真是再好不过了。’”

“突然，电话铃响了。您拿起听筒，电话的另一端是您太太，她歇斯底里地告诉你，家里失火了，房子快被烧光了！您匆匆忙忙地丢下听筒，根本来不及听清楚下文，立刻冲出办公室，您慌慌张张地开门。此刻，您的脑海里所想的是家里被烧成平地的景象。”

“您上车，发动车子，火速地开出停车场，进入大街，然后转个大弯朝家的方向前进。一部大卡车从对面的岔路拐过来，撞上您的车子，您知道这下子肯定完蛋了。您的车子朝着电话亭冲过去，卡车也轰然一声撞过来，车子就这样挤在电话亭和卡车中间。您爬出车外，看看自己并未受伤，车子却全毁了！

“但是，家里还在着火呀！您招来一部正巧路过的计程车，钻进车子，并且将家里的住址告诉司机。当他将车子停靠在您家门口，您坐在车里，瞪着火灾之后的废墟，因为过度茫然，几乎忘记该下车了——房子已经全毁了！您太太和孩子们正站在路边院子里，旁边还有几位邻居，大家都受惊了。”

“这个时候，您心想：‘这是什么日子啊！几分钟前，我还为了自己的幸福而感到高兴。就在这几分钟之内，我失去了家，我的车子也全毁了。’于是——您下车，付钱给计程车司机，走到家人身边安慰他们……就在这个时候，住在隔壁的一位太太跑出来，说您有一个紧急的电话。”

“您跑进邻居家里，拿起听筒，听到一个很急促的声音向您解释，您办公大楼的暖气炉爆炸了，整栋大楼以及里面的设备全部毁了。您公司里的所有资产都付之一炬！”

“您坐在邻居家的沙发椅上，吓得失神了。您发现，就在一个钟头不到的时间内，您所拥有的一切全都毁灭了。您仍坚强地安慰自己：‘好啦，虽然我已经失去我的家、我的车子、我的事业——但是我的家人还好，所以我还算幸运。而且，办公大楼爆炸的时候，我人不在场，所以我还算幸运。我并未在车祸中受伤，所以我还算幸运……我仍然拥有我的健康，我可以跟从前一样，靠着勤奋工作，将所有的这些东西重新赚回来。’”

“现在，李先生，让我们把您的房子、您的车子，以及您的公司全部还给您，而且让我们回到一个钟头前……”

“从头开始，现在是上午10点钟，您正忙着工作，您觉得非常惬意，您觉得诸事顺利。突然间，您的胸部一阵剧痛，而且觉得自己正逐渐失去意识，您完全昏迷了。”

“稍后——您不知道到底过了多久——您睁开眼睛，发现自己躺在床上。当您的视力开始恢复正常之后，您看到自己置身于医院的病房中，您太太正站在床边。她说：‘不要担心。我们大家都在这里，你会康复的。医生说你得了心脏冠状动脉血栓和阻塞，但是他确信你已经过了危险期，你要好好休息一阵子。’”

“你坚持要知道‘一阵子’到底是多久。您太太说至少几个月之后，您才能起床走动，才能上班。之后当您回到公司工作，您有好几个月的时间，只能工作半天。”

“所以李先生，贵公司的经常性成本必须支出——办公室租金、员工薪水，以及其他的费用。最先发生的事情是，您要太太结束公司的经营。再来则是，她将您的车子出售，换一部更旧的车子。而后，她出售住宅，你们便搬到公寓里去了。”

“在第二种情况中，您发现自己没有收入，这个情况岂不是比第一种情况更凄惨吗？”

准保户：“是，是比第一种情况凄惨。”

销售员：“当您丧失谋生能力时，保证您将不至于失去财产，岂不是很有意义吗？当您残废而不能工作时，由我们公司按月寄交支票给您，岂不是很有意义吗？”

准保户：“的确。”

销售员：“好。假使您曾有过心脏方面的任何问题，或者曾经有过高血压，我也没有办法要求公司为您签发这一套计划……”

准保户：“我决定投保了……”

一般来说，你问的扩大客户痛苦的问题越多，客户就越会把你视为顾问，视为救星，他会越觉得你的来访是在帮助他解决问题或完成目标的。当然，也只有与客户建立友谊信任的基础上，他才会把他的不满、难题告诉你。问扩大客户痛苦的问题的关键首先要明白自己的产品或服务究竟能帮助客户解决什么问题或达成什么目标。

如果你能让客户明白，不购买你的产品，不解决问题，将来会给他造成多大的痛苦，他就会很乐意与你达成交易。推销员往往利用这种方法促使客户做出购买决定；总经理往往用这种方法说服自己的谈判对象，他们也常常把它运用在员工管理中。

6．不光用嘴，还得用眼

据心理学研究发现，一个人向外界传达的信息中，单纯的语言成分只占7％，语气和声调占到了38％，剩下的55％的信息来自于非语言的肢体形态。而且肢体语言通常很少具有欺骗性，因为肢体语言通常是下意识的、不易觉察的。

人性是复杂的，人与人之间的关系更是复杂到了极点。所谓，“知人知面不知心”“人心隔肚皮”“人心叵测”都是对人类心理高深莫测的一种解释。在商业行为中，这种心理上的不可知更容易让人“头昏”，一个不小心就会导致交易的失败。销售人员每天都要和形形色色的客户打交道，不同的客户有不同的性格，这就要求销售人员必须学会透视客户的心理，把握客户内心真实的需求，最终实现你的目的。

如何让客户把内心的小秘密告诉你呢？通过语言的交流是最简单的方法，但是很多情况下，客户不愿意、也不希望把自己的真实想法告诉你。这时候怎么办？很简单！通过客户的肢体语言去用心体会他们的心理！

人与人之间总是存在着一定的心理隔阂，这和口是心非无关，这是人类的天性。在销售过程中，我们想准确地判断出客户内心的真实想法，绝对不能单纯地听客户说什么，更要考虑到其他种种复杂的主客观因素，心口不一的情况也经常出现。如果你只凭客户嘴上说的去判断，往往会出现一定的偏差。

如何才能更好地了解客户的心理呢？现在就要告诉你，你需要对客户的身体语言多加了解。通过观察客户的肢体动作来洞察其内心的真实想法，不仅能及时体会他们的内心变化，戳穿他们的谎言，更最重要的是能及时捕捉客户的所思所想，服务到位，赢得客户的认可，提高销售业绩。

销售人员要把客户当成理想中的“情人”，做到不听其任何表白，就能体会他的心意。拥有身体语言方面的知识，不仅能读懂客户的内心世界，及时体会客户的真实意图，还能有意识地规范动作和体态，避免自己无意间表现出来的肢体动作给客户留下不好的印象。

肢体语言，是指身体发出的各种动作以代替语言来表达情意。广义的肢体语言包括面部表情和身体四肢等所表达的意义。一般意义上，说到肢体语言，我们就会很自然地想到很多惯用动作：鼓掌表示赞同，顿足代表生气，摊手表示无奈，搓手表示焦虑，捶胸代表痛苦，垂头代表沮丧等。我们用这些肢体活动来表达情绪，别人也可以通过这些肢体语言来体察我们的心境。

当我们用肢体动作传达情绪的时候，很多情况下自己并不能觉察到。比如，当我们和别人谈话时，摇头、摆手、两腿交叉、颤动脚部，我们多半并不自知。客户也是如此，他们在谈话的时候，也许已经把自己的真实想法暴露了，想掩饰都来不及！

作为一个销售人员，我们必须练就这样察言观色的本领，掌握观察他人“心口不一”的体态特征。说什么话都可以“信马由缰”“信口开河”，可以胡编乱造，但说话时的体态绝对骗不了人的。除非对方故意做出一些假动作，来躲避你的“进攻”。

比如，不管客户的话有多难听，销售员都不能轻易说放弃，仔细观察客户的个别举止，也许就能判断出他的话中购买需求的分量。灵活掌握体态语言的观察方法，善于捕捉客户的心理，可以避免走弯路。

话语能透露一个人的品格、表情，眼神能透露人的内心，坐姿、手势也会在毫无知觉之中出卖它们的主人！

第三章

找准客户兴趣点，语言要有针对性

销售很艰难，因为客户给我们的时间就是那么短，在有限的时间里说有效的话，说正确的话，这是销售沟通永恒不变的黄金定律，通俗一点说，就是要把话说到点子上。

1. 把话说到对方的兴趣点上

说客套话的目的无非是与客户套近乎，套近乎是交际中与陌生人等沟通情感的有效方式。套近乎的技巧就是在交际双方的经历、志趣、追求、爱好等方面寻找共同点，诱发共同语言，为交际创造一个良好的氛围，进而赢得对方的支持与合作。

对于销售人员来讲，销售过程是一个主动去与人沟通的过程。正因为是主动，就不可避免地存在一些被不想购买东西的客户故意冷落的现象。

一次，小李在一位客户的办公室外等他，由于没有提前预约，客户的秘书知道他是一位销售人员，因此她打算不把老板的工作行程告诉他。同时，为了防止小李要求她这么做而故意不跟小李说任何话，故意冷落小李，希望小李觉得意兴阑珊而自动离开。

这时，小李突然注意到在秘书的桌上放着一本厚厚的畅销书。于是，他问秘书小姐："这本畅销书你看了没有？"秘书回答说："正在看！"他又问："你觉得这本书有趣吗？"

她坦率地说："没趣！读这本书是没有大碍啦！只是有点枯燥无味，不过快要看完了。"

"我也读了这本书，完全不是因为兴趣，而只是为了学习它的知识。这种想法真是无奈，就像我现在的工作一样。另外我再推荐给你几本既有趣又值得学习的书吧。"小李再度打开话匣子。

秘书回答："你怎么跟我的想法一样？看来我们在某些地方的看法还是很相似的。哦，对了，刚刚我查了老板的行程表，他今天下午四点会有半个小时的时间。"

客户如此，只是想通过对销售人员的冷落来传达一种“我对你的商品不感兴趣”或“我根本不想买你的东西”的讯息，这种冷落法看起来好像很难破解，因为即使顾客是正面拒绝，他也会跟我们对话沟通，只要存在沟通，我们就有很多的机会完成“从拒绝到接受”的销售过程。但是，面对一个完全拒绝沟通的客户该怎么办呢？这时，客套话就发挥了它积极的作用。

化解被冷落的场面，说一些对方感兴趣的客套话，这是销售人员应该掌握的基本技能。要知道，如果一个销售人员仅仅是因为受到了冷落而打退堂鼓的话，那他一定不会成为一个成功者。怎样才能走出被人冷落的窘境呢？

那就是：首先要让对方接受自己，然后在彼此之间建立一种好的关系。对销售人员来说，与顾客的关系拉进了，才能更加详细地介绍自己的商品来吸引顾客，顾客的注意力被吸引了，才可能对产品产生兴趣，从而引发购买的欲望。谁能快速拉进与顾客的关系，谁就拥有更多的商机。以下是优秀的销售人员常用的几种套近乎的技巧：

（1）使用简明的开场白

为了吸引顾客的注意力，在面对面的洽谈中，说好第一句话是十分重要的。开场白的好坏，几乎可以决定一次推销访问的成败。好的开始是成功的一半。大部分顾客在听销售人员每一句话的时候要比听后面的话认真得多，听完第一句问话，很多顾客就自觉或不自觉地决定了尽快打发推销员上路还是准备继续谈下去。

专家们在研究推销心理时发现，洽谈中的顾客在刚开始的几秒钟所获得的刺激信号，一般比以后10分钟里所获得的要深刻得多。

开始即抓住顾客注意力的一个简单办法是去掉空泛的言辞和一些多余的寒暄。为了防止顾客走神或考虑其他问题，开场白上多动些脑筋，开始几句话必须是十分重要而非讲不可的，表述时必须生动有力，句子简练，声调略高，语速适中。开场白使顾客了解自己的利益所在，是吸引对方注意力的一个有效的思路。

（2）通过提问了解顾客的需要

提问是引起顾客注意的常用手段。在销售访问中，提问的目的只有一个，那就是了解顾客的需要。“你需要什么”，这种直接的问法恐怕顾客自己也不知道需要什么。

销售人员在向顾客提问时，利用适当的悬念以勾起顾客的好奇心，是一个引起注意的好办法。一位好的销售人员的提问是非常慎重的，通常提问要确定三点：提问的内容、提问的时机、提问的方式。此外，所提问题会在对方身上产生何种反应，也需要考虑。恰当的提问如同水龙头控制着自来水的流量，销售人员通过巧妙的提问得到信息，促使顾客做出反应。

(3)巧言打动顾客的心

一位远道而来的推销商与客户洽谈，为了吸引对方的注意，他很喜欢用这样一句话来开始他所销售的产品：“说真的，我一提起它，也许你会不耐烦而把我赶走的。”这时顾客会很自然地做出如下应：“噢？为什么呢？照直说吧！”不用多说，对方的注意力已经一下了集中到推销商以下要讲的话题。

为了打动顾客的心，我们不妨将自己放在顾客的地位思考一个问题：究竟是什么因素使我们认真听取销售人员的介绍。

(4)用旁证引起对方的兴趣

在唤起注意力方面，销售人员广泛引用旁证往往能收到很好的效果。一家著名的保险公司的经纪人常常在自己的老主顾中挑选一些合作者，一旦确定了销售对象，公司征得该对象的好友某某先生的同意，上门访问时他这样对顾客说：“某某先生经常在我面前提到你！”对方肯定想知道到底说了些什么，这样双方便有了进一步商讨洽谈的机会。

2. 把话说到对方的思考点上

很多销售人员几乎都有一个通病，即在好不容易见到客户后，就急不可耐地向他们推销自己的产品，迫不及待地想成交，生怕到手的生意再飞走了。殊不知，你这样做很可能会引起客户的逆反心理，你越是急于求成，他们越是犹豫不决。那么遇到这种情况怎么办好呢？其实，你不妨换个思路，多为对方做一些考虑，站在客户的立场上说一些他们爱听的话，或许就能收到意想不到的效果。

有一个餐厅生意很好，门庭若市，餐厅的老板年纪大了，想要退休了，就把3位经理找了过来。

老板问第一位经理："先有鸡还是先有蛋？"

第一位经理想了想，答道："先有鸡。"

老板接着问第二位经理："先有鸡还是先有蛋？"

第二位经理胸有成竹地答道："先有蛋。"

老板又叫来第三位经理问："先有鸡还是先有蛋？"

第三位经理认真地说："客人先点鸡，就先有鸡；客人先点蛋，就先有蛋。"

老板笑了，于是擢升第三位经理为总经理。

顾客就是上帝。只有一心为顾客着想的人，才会真正赢得市场，获得成功。

积极地为客户着想，"以诚相待、以心换心"是销售人员对待客户的基本原则，也是销售人员成功的基本要素。

有一位销售培训师对学生们说："能够把冰箱卖给爱斯基摩人的推销员不是一个好的推销员。因为这个爱斯基摩人在发觉上当后就再也不愿见到他了，推销员也不要想再回到那里卖其他任何东西了。因为别人已对他失去了信任。"现在，有许多推销员都有这种想法，即把自己手中的产品卖出去，而不管顾客买了有没有用，以及能不能发挥出产品的最大性能。

所有成功的人，或者说业绩突出的人，之所以成功，就是因为他们的价值观念、行为模式比一般人更主动，他们的心态比一般人更积极。

一个机械设备推销员，费了九牛二虎之力谈成了一笔价值40多万元的生意。但在即将签单的时候，发现另一家公司的设备更合适于客户，而且价格更低。于是，本着为客户着想的原则，他毅然决定把这一切都告诉客户，并建议客户购买另一家公司的产品，客户因此非常感动。结果虽然这个人少拿了上万元的提成，还受到公司的责难，但在后来的一年时间内，仅通过该客户介绍的生意就达百万元，而且为自己赢得了很高的声誉。

为什么有的推销员总与成功有缘，而有些推销员则始终无法避免失败呢？最主要的原因是前者能够为客户解决问题，而后者在拜访客户时往往表现得盲目和平庸。老实的推销员匆匆忙忙地敲开客户办公室的门，急急忙忙地介绍产品，遭到客户拒绝后，又赶快去拜访下一位客户。他们整日忙忙碌碌，所获却不多。

推销员与其匆匆忙忙地拜访10位客户而一无所获，还不如认认真真地做好准备去打动一位客户。所有成功的人，或者说业绩突出的人，之所以成功，是因为他们更能把握客户的心理，能够很好地抓住他们的弱点，再去进行针锋相对的说服工作。

3. 把话说到关键点上

销售语言是一门艺术，销售人员要想将这门艺术运用好，就应该在推销过程中有的放矢、对症下药地去运用它。由于每一次推销都有其特定的对象、时间、地点、目标和内容，所以，只有综合考虑这些影响销售的因素，并据此来确定最终的推销语言风格，这样才能最大限度地发挥销售语言的作用。

不同的顾客，在购买动机、性格习惯、收入水平、文化水平、年龄、性别等方面都有所不同。某种风格的语言和销售方式很可能适合于某一类或几类顾客，但不可能适用于所有的顾客。只有选择顾客最熟悉、最容易接受的语言，才能有效地说服顾客。不同的时间和场合，由于顾客的需求强度不同、要解决的问题不同、洽谈环境不同、洽谈气氛不同，自然也会要求不同的谈话方式和内容，需要使用不同的语言艺术。

不同的推销目标、不同的推销内容，导致推销对象的不同，这就要求销售人员的推销语言要能够很好地反映这些差异。销售没有固定的技巧，也没有一定成规。因为销售员时刻在面对不同的顾客。一名优秀的销售员知道见到什么人说什么话，他们往往能够灵活地随机应变。对于那些不知变通的销售员来说，则应该改变自己死板的销售方法，学习他人的灵活机动。

比如说，对待傲慢的客户，你可以采取欲擒故纵的语言技巧加以应对，让他摸不透你的心思。

在现实中，碰上傲慢可憎的人，有的销售员会掉头就跑，也有的销售员知难而上，去征服对手。其实，不管是可亲的，还是可憎的客户，你都必须喜欢他，这是做推销的痛苦所在。为了让傲慢可憎的客户喜欢自己，原一平设计了一套特别的怪招。

有一天，原一平访问某公司总经理。

原一平拜访客户有一条规则，一定会做周密的调查。根据调查显示，这位总经理是个“自高自大”型的人，脾气很怪，没什么嗜好。

这是一般推销员最难对付的人物，不过对这一类人物，原一平倒是胸有成竹，自有妙计。

原一平向前台小姐报名道姓：“你好，我是原一平，已经跟贵公司的总经理约好了，麻烦你通知一声。”

“好的，请等一下。”

接着，原一平被带到总经理室。总经理正背着门坐在大班椅上看文件。过了一会儿，他才转过身，看了原一平一眼，又转身看他的文件。

就在眼光接触的那一瞬间，原一平有一种讲不出的难受。

忽然，原一平大声地说：“总经理，你好，我是原一平，今天打扰你了，我改天再来拜访。”

总经理转身愣住了。

“你说什么？”

“我告辞了，再见。”

总经理显得有点惊慌失措。原一平站在门口，转身说：

“是这样的，刚才前台小姐说给我一分钟的时间，让我拜访总经理并向您请安，如今已完成任务，所以向您告辞，谢谢您，改天再来拜访您。再见。”

走出总经理室，原一平早已急出一身汗。

第三天，原一平又硬着头皮去做第二次的拜访。

“嘿，你又来啦，前几天怎么一来就走了呢？你这个人蛮有趣的。”

“啊，那一天打扰您了，我早该来向您请教……”

“请坐，不要客气。”

…………

由于原一平采用“一来就走”的妙招，这位“不可一世”的客户比上次乖多了。

遇见什么人就说什么话，遇到难缠的人，我们不能放弃，要知难而上，相信再顽固的堡垒也能被你攻克。由此可见，推销员既要注重方式方法，又要有锲而不舍的精神，只有这样你才能达到事半功倍的效果，反之，则事倍功半。

一名优秀的销售员知道遇到什么人说什么话，对于各种销售场合他们往往都能够灵活地随机应变。

4. 把话说到客户的笑点上

心理专家的研究结果显示：人在倾听时的注意力每隔五至七分钟就会有所松弛，要想使人重新集中精力，就需要对他们进行一些相应的刺激，为其制造一些兴奋点，以此来转移他们的注意力。同样，在销售人员向客户推销商品的时候，他们也会出现疲劳状态，那么销售员该如何去刺激他们呢？最好的方法是在谈话中适时插入一些幽默风趣的言辞，这对于消除对方的心理疲劳是有很大帮助的。

而且即使在正常情况下与顾客的沟通中，幽默风趣的语言也能很轻松地赢得对方的好感，并能促成交易的达成。当然销售员的幽默不应该是单纯地为幽默而幽默，所说的言辞、所讲的笑话都要有的放矢，以有助于顾客对推销的产品感兴趣为准。

在一次产品推介会上，朱丽娅出丑了。她那天穿了一件过长的连衣裙，裙裾一直垂到地面。就在她后退一步打算靠近黑板时，她的脚踩住了她的裙子，结果当众摔倒在演讲台上。观众起初还不知发生了什么事，接下来就有几个人跑上台来搀扶她。当她站起身时，并没有惊惶失措，而是继续用平静的声音介绍产品。会场只经过了很短一段时间的不安很快就安静下来，就像什么也没有发生过一样。

当然，适当的幽默也是打破尴尬的绝好方法。

琼在进行销售拜访时摔倒了。当时她站在门边与客户握手说再见，当她准备后退一步迈出客户家门时，脚被门边的什么东西绊了一下，她开始向下倒。出于绝望，她抓住了客户的肩膀寻求支撑，客户也很配合地拉起了她。当她站稳时，她微笑着对站在旁边看的客户小女儿说："我和你爸爸配合的这段吉普赛舞很经典，不是吗？"所有的人都开怀大笑，尴尬也就在顷刻间消释了。

通常来讲，那些具有幽默感的销售员，在日常工作中都会有比较好的人缘，他们比较容易赢得客户的好感和信赖。而缺乏幽默感的销售员，会在很大程度上影响与客户的沟通，同时也不易于在客户心中留下深刻的印象。

如果一个优秀的销售员同时又是一个善于制造幽默的高手的话，那么他的销售事业也必将因此而如虎添翼。那么，如何才能更好地掌握那些幽默的语言与技巧呢？

（1）用自嘲来缓解气氛

在与客户沟通的过程中，难免会出现尴尬的情况。这时，如果用自嘲来缓解窘境，不仅能够很容易找到后退的台阶，而且还会产生幽默的效果。而且就凭着这份气度和勇气，客户也不会让你一人独自"幽默"，而一般会陪你笑上几声的。

（2）巧用反话

在一些销售场合，正话反说有时候会收到出其不意的良好效果。比如，某销售员在销售电扇，客户一直在挑三拣四，口里不停地唠叨。销售员就可以顺着客户的意思说："这电扇确实有点毛病，花那么多钱买到一件不如意的东西真是不划算！”客户一听，反而不好再说什么了，有不满意的话也觉得没必要说出口了。接着，销售员乘机用富有同情心的语调说：“电扇的价格比较便宜，它比空调要省电多了。”多采用这种轻松的语言，客户或许更容易接受。

（3）逆向思维

一般客户通常都会顺着“常理”去思考，但是，如果把结果转移在一个“意想不到”的焦点上，就会使他们产生“有趣”的感觉，让客户在会心一笑后，对你、对你的商品或服务产生好感，从而诱发购买动机，促成交易的迅速达成。

幽默可以说是销售成功的金钥匙，它具有很强的感染力和吸引力，能迅速打开顾客的心灵之门。但是，在实际销售中，一定要注意把握幽默的尺度与分寸，不要故作幽默，否则，就会得不偿失。

《人民日报》曾介绍过优秀营业员李盼盼，有一次，她在卖菜时发现有的顾客在剥菜叶。李盼盼就和蔼地说：“同志，请您当心一点，别把菜叶碰下来。”这“碰”字说得含蓄、凝重，使有意剥菜叶的顾客，脸顿时泛红，手也不得不停下来。李盼盼把已发生的事说成须提防的事，把有意的“剥”说成无意的“碰”，这样一来，不仅很好地纠正了顾客的错误，而且也保全了顾客的面子，其语言运用的可谓独具匠心。

所以，作为销售人员在面对客户时，一定要注意语言的含蓄与委婉，切记不要因自己过火的语言而伤了对方的感情。这也是赢得好感、维系与顾客良好关系的一个纽带。在向客户推销时说话要“和气、文雅、谦逊”，不讲粗话、脏话，不强词夺理，不恶语伤人。要多用敬词、敬语，语气要亲切柔和，语句要委婉含蓄。这样才能缩短与顾客的心理距离，使顾客感到温暖与鼓舞，进而才有助于促成交易的成功。

当然，说话委婉并不是要低三下四地乞求人家发慈悲，这样既丢人格，也不会达到好的效果。至于其中的度，则需要销售人员在实践中不断去摸索、去锻炼、去掌握。

5. 把话说到客户心头的柔软点上

在销售行业中，有一些销售员虽然能说会道，但业绩却不太理想，因为他们大多都有一个共同的缺点，就是一些销售员所说的话能让客户明显地感觉到不够真诚，让它们觉得只是在应付他们而已。这样一来，他们的能说会道就反而成了一种缺点，因为他们越是在顾客面前“巧舌如簧”地展现自己的口才，就越会让顾客觉得他们是在欺骗自己。

言谈话语中缺乏诚实，常常使销售员处于不利的地位，以一个服装零售店的销售员为例，当一个顾客在试穿一件外套后，以一种非常满意的口吻询问“它看上去怎么样？”

“不错，很好。”那位销售员立刻回答道。

随后，这位顾客又试了一件款式全然不同的衣服。能够发现他对这件衣服也很感兴趣，但是那位销售员在面对顾客的这种询问时，同样是不假思索地去附和他的观点。

但是，很快这位顾客就发现了那位销售员的建议只不过是在虚伪地迎合她，是没有任何价值的，因为无论她试那件衣服，也不管她穿上效果如何、是否合身，但那位销售员都会无一例外地说非常合适。这样一来，这个销售员就给顾客留下了这样一种印象：她是不会对自己说出真话的，她的唯一的目的就是把东西卖出去。当客户想到了这一层的时候，那么自然也就不会在她那里买衣服了。

真诚的话语往往更能够打动顾客的心，并赢得他们的信任。因为最后的成交是建立在顾客信任的基础之上的。无论销售员的言辞或举止如何动听、如何讨人喜欢，但如果它们缺乏真实，如果说的都是一些忽悠人的假话，那又怎么能够取得顾客的信任呢？一旦顾客发现你的言辞中包含着欺骗的成分，他们很可能就会马上转身走人。

真诚的话语，在很多情况下意味着它是一种承诺、是一种责任。如果你无法真正去兑现这种诺言，并去承担这种责任的话，那么在与顾客沟通的过程中，就要慎用一些承诺性的话语，尽管它们能在一时让你显得很真诚。

有不少销售员在向顾客推销产品时，对顾客的要求几乎是有求必应。但是，在顾客购买了产品之后，销售员却忘记了自己当初的承诺。例如，有的老顾客要求销售员在某一个时候送货上门，销售员也不考虑自己在那个时间是否有空，就满口答应了。而到时候又因为自己腾不出时间来或者干脆就忘干净了。这样一来，销售员这种不讲信用的行为会给顾客造成极坏的影响，甚至会将销售员辛辛苦苦建立的好印象一扫而光。

“明天上午10点我去拜访您。”销售员在面对顾客的询问时，往往会这样不假思索的一口承诺，但是等真正到了10点，他们却毫无踪影。这种销售员极容易给顾客留下坏印象。结果，顾客也会一个一个地离他而去。

销售员最重要的是讲诚实，守信用，而获得顾客信任的最有力武器便是遵守自己当初的诺言。

诚实守信的销售员能够做到前后一致，言行一致，表里如一，因此人们愿意与其进行正常的交往，甚至愿意购买他们推销的产品。如果销售员不讲诚信、前后矛盾、言行不一，顾客则无法判断他的行为动向。顾客是不愿意和这种销售员进行正常交往的，这样的销售员自然就没有什么魅力而言。

诚实守信是取信于人的第一方法。具有魅力的销售员应该是守信、诚实的人，靠得住的人。一位不讲信用的销售员走在去见客户的路上，心里满怀希望。他此前曾做过精心的准备，可是由于以前对这位顾客做过不讲信用的事，当他见到客户一阵寒暄后，此前拟好的思路被打乱了，忘了该怎样说。一段尴尬的沉默后，他只好悻悻而归。

不讲信用的销售员也会心虚，而销售员带着这种心虚的感觉向顾客推销产品时，又怎么能很好地展示产品，赢得顾客的青睐呢？

不讲信用、不诚实的销售员绝不可能成就大事业。销售员要设身处地为顾客着想，真心诚意为顾客服务，和顾客交朋友，实行顾客固定化策略，发展顾客关系。顾客是企业及其市场销售人员最重要的资源，销售员必须重视这些资源，用自己的真诚打动客户。切记，欺骗顾客就是欺骗自己，不讲信用的销售员最终会被顾客抛弃。

数以万计的销售员之所以没有做成买卖的原因之一就在于他们对别人开了

空头支票。身为销售员，我们不该低估工作疏忽所可能带来的结果。因为我们可能为此付出极大的代价。在很多行业里，有许多的客户因为销售员没有信守承诺而恼怒、生气或失望，他们也有可能因此而拒绝成交或要求退费。所以，除非你能守约，否则不要轻易承诺任何事。

记住：你做的每一笔买卖都是一个广告，它既可能会帮助你做成下一笔买卖，也可能会断了你今后的销路，它是你们个人名誉的一个广告。

6. 敏感的话要说到外围点上

销售语言的含蓄性特征要求销售人员在运用语言艺术时，要根据当时特定的环境与条件，委婉地向客户传递信息。

尽管我们也强调推销语言要具有针对性、客观性，但这并等同于在任何情况下都必须直言不讳。在实际推销的过程中，销售员应该根据不同的情况，有效掌握并合理运用含蓄性的语言表达方式，这样会更有助于达到推销目的。推销语言艺术的含蓄性，首先表现在口头表达语言中，要做到有取有舍、有直有弯、有明示有暗示。其次，含蓄性还表现在行为语言上，许多行为语言均隐含着某种信息和情绪。

有时接近客户并不需要什么客套话，在一次推销员大会上原一平听过一个超级推销员的故事：

那是我第一次去大城市推销。出站就分不清东西南北了。好不容易找到客户的商店，他正忙着招呼顾客，三岁的小儿子独自在地板上玩耍。小男孩很可爱，我们很快就成了朋友。客户一忙完手中的事，我就赶紧做自我介绍。他说很久没有买我们的产品了。我没有急着推销，只谈他的小儿子。后来他对我说："看来你真是喜欢我儿子，晚上就来我家参加他的生日晚会吧，我家就在附近。"

我在街上逛了一圈，就去了他家。大家都很开心，我一直到最后才离开，当然手里多了一笔订单——那是一笔我从未有过的大单。我没有极力推销什么，只不过对客户的小儿子表示友善而已，就和客户建立了良好的关系，并达到了目的。

当然，并不是谁都有机会和客户的小儿子玩，也不是总能知道客户到底喜欢什么，但还是有方法和客户交上朋友。另一个相当成功的推销员也讲了一个故事：许多年前，我还很年轻的时候，我试着向一位大制造商推销产品，但一直未能如愿。一天，我又去他的办公室，他满脸不高兴，说："我现在没空，我正要出去吃午饭。"我想我不能遵守常规了，就大着胆子说："我能和您一起吃饭吗？"他很惊讶，但还是同意了

吃饭的时候，推销的事我只字未提。回到办公室，他给了我一张小订单——这是我一直想要的。那以后我得到了源源不断的订单。我做了什么吗？其实什么也没做，只是听他说。他说了好多，我想那都是他自己喜欢的。

原一平后来说，好好对待客户做起来很简单，只要你真诚地尊重他，懂得分享他的喜悦。

可见，在与客户的沟通中，"维护对方的面子和自尊"是一个多么敏感而又重要的问题。许多销售专家指出，在与顾客沟通的过程中，如果其中的一方感到失了面子，即使是用最好的方法去补救，往往也会留下一些不尽如人意之处。因为，当一个人的自尊受到威胁时，他就会全力保护自己，对外界充满警惕，甚至充满敌意。有的人进行针锋相对的反击，有的人采取躲避的策略，有的人则会变得十分冷漠和麻木不仁。这时，要想与他沟通、交往则会变得十分困难。在这种情况下，要想再顺利地促成交易，那就会难上加难了。

在多数情况下，令对方丢面子、伤自尊，都是由于自己言语上的不慎而造成的。特别是在磋商难度较大的分歧问题时，往往不够冷静，把"问题"与"人"混同起来考虑，进而出现对人的攻击与指责，从而伤害了对方的自尊。

第四章 销售的话一定是直击人心的

什么话最能打动人心？那就是说到心坎儿上的话。如果你的言谈刚好能契合客户的心理需求，刚好是客户的所思所想，那么，接下来的销售还有什么难的呢？

1. 指责客户是最愚蠢的行为

心理学研究表明：人的内心深处，都有一种渴望得到别人尊重的愿望，也就是说，人们都喜欢听好话，正所谓“好话一句做牛做马都愿意”。

“你家这楼可真难爬啊……”这是很多上门服务的销售人员嘴上的通病，尤其是那些新人，说话往往不经过思考，不经意间就伤害了客户。这样的例子屡见不鲜，很多销售人员为了打一个圆场，有一个开场白，见了客户第一句话便说：“这件衣服不好看，一点都不适合你。”“这个茶真难喝。”“你这张名片有点儿土！”虽然销售人员是无心的，并没有真正批评指责客户的意思，但是，在客户眼里，你就是在批评他们，会让他们感觉不舒服。

心理学研究表明：人的内心深处，都有一种渴望别人尊重自己的愿望，也就是说，人们都喜欢听好话，正所谓“好话一句做牛做马都愿意”。所以说，人人都希望得到别人的尊重和肯定，人人都喜欢听好话。你上来就对客户说一些难听的话，就算客户再有耐心，对你的印象也会大打折扣！

“赞美与鼓励可以让普通人变天才，批评与抱怨可以让天才变普通人”，在这个世界上，几乎没有人愿意接受批评。销售人员在推销工作中，几乎每时每刻都要和人打交道，说话非常有必要注意技巧。

有时候，销售人员还经常犯这样的毛病，对客户是客客气气的，可是对于竞争对手却丝毫不留情面，或者对其他销售人员说一些刺耳的、带有攻击性色彩的话语，甚至把对方说得一钱不值。如果你这样，就会让客户觉得你是个没有自信，不值得信赖的人，从而导致整个行业形象在客户心里有所下降。

不管你是对人，还是对事，只要你说难听的话，都会引起客户的反感，因为你说话的时候，更多情况下是站在自己的角度看问题，过于主观，效果很可能会适得其反，对你的销售只能是有害无益！

如此说来，是不是就应该多说赞美性的话呢？是的，赞美的话语必不可少，但是也要注意适量。说得太多，往往会让客户觉得你很虚伪，缺乏真诚。比如现在的保险人员，他们在说话的时候就存在一些弊病，一位老大妈这样说："这些卖保险的，说话都是一套一套的，嘴巴甜得要命，这保险公司培训出的都是一个模式，满嘴的油腔滑调，就会耍嘴皮子！"看看，客户的实际心理就是这样。老大妈的话无形中提醒我们：与客户交谈时，赞美的话要出自内心，不能不着边际地瞎赞美。好话也要会说，会说的人更能让人信服。

还有这样一种情况，经常听同事说，某某客户怎么怎么坏、怎么怎么讨厌，我们不能否认确实有一些客户是不适合跟我们合作的，甚至根本不配和我们合作。但是，我们不能把牢骚挂在嘴边，即使不能合作也要客客气气，对客户尊重一些，你对客户好一点，也许这个客户还能给你提供更多的准客户。每一个人都有自己的个性，每个人都有自己做事情的方法，我们不能改变这一切，但是要尝试着去让客户看待问题的方法和自己的趋向一致，不能只是一味地去抱怨和批评！对于存在的差别，我们怎么才能更好地和客户沟通呢？

我们如何更好地和客户沟通？销售人员不是完人，客户也不是，但是客户是我们的上帝，是我们的工作对象，我们对待上帝要更宽容一点——商人的大多数行为不都是受利益驱动的吗？明白了这一点，我们就不会抱着埋怨的态度去批评客户，说客户的不对了。只要你理解了他们80％的行为，沟通就变得很容易了！

2. 每一句话开头先说"我们"

从心理学角度来讲，一个人对自己的关心要远远大于对他人的事情的关心，关注自己是人的天性。所以，很多情况下，人会不自觉地总是替自己说话。销售员在工作中要学会"忍"，不能时常把自己挂在嘴边。

在人际交往中，也许你会发现，那些社交经验丰富的人们，一般很少直接跟你说“我怎么着怎么着”，都是说“我们怎么怎么样”。这样虽然有拉关系、套近乎的嫌疑，但是，这招很有效，简直可以称得上是人际交往的“助推剂”。

在人际交往中，很重要的一条就是少说“我”，多说“我们”。乍一看，就差了一个字，也没什么特别。但仔细想想，里面的“水”还是很深的。“我们”表明说话的人很关注对方，站在双方共有的立场上看问题，把焦点放在对方，而不是时时以自我为中心。

这也是很多销售员总结出来的经验，面对形形色色的客户，我们不可能准确地把握每一个人的心理，但是有一条准则却是相同的，你为客户着想，即使不能让客户绝对信任你，但也会让客户喜欢你。

毫不夸张地说，你试着注意一下自己每天说“我”的次数，你会发现，自己几乎每句话都提到了一个“我”字。所以，销售人员要尽量避免这样情况的出现，避免老是说“我”。

如果想成为一个受客户欢迎的人，请你必须牢记：少说“我”，多说“我们”。关注客户，客户才会更关注你！

人人都喜欢戴高帽子，人人都喜欢被别人重视。所以销售人员要把握客户这种微妙的心理，在和客户谈话的时候多说“我们”，少说“我”！

再想想看，既然人人都喜欢被别人重视，那我们就必须学会重视别人。如果客户在炫耀自己的能力，就让他炫耀好了，即使你很讨厌他，也要装作喜欢听他讲话的样子。对于常和客户打交道的销售人员来说，取得对方信赖是一件获得对方青睐的重要法宝！

首先，说“我们”表明你对客户较为重视。你的态度本身就意味着你的价值，如果你对客户总是说“我怎样怎样”，客户肯定会认为你是个自私的人，一点也不在乎他！

其次，说“我们”还意味着你是否有和客户继续交往的欲望。对于许多客户来说，他们跟你谈话的目的并不是单纯地想解决问题，更重要的是希望销售人员真心地关心自己。

“我”和“我们”表面看上去只是一个称谓问题，只有一字之差，但是给我们的心理感觉却完全不同。事实上，当你在客户面前频繁地说“我”的时候已经失去了你自己，更失去了客户对你的信心。当然，也要注意，不能事事说“我们”，有些东西可不是我们这些销售人员能掌握的，过犹不及就不好了！

3. 客套话是前奏曲

说客套话的目的无非是拉近销售人员与顾客双方的距离。在实际交流中，客套话随口而出的可能是答应对方一些事情，如果你对此没有充分认识，说过就忘记了，那可能就会坏事。因为你可能是随口说说，而对方却放在心上，如果你没有做到，那就是辜负了你自己的承诺，让人家失望了，怎么能推销成功呢？

乔·理特奉上司指示，秘密进入某家公司进行消费调查。正巧理特认识这一家大企业公司的董事长，这位董事长很清楚该公司的行政情形，理特便亲自登门拜访。

当他进入董事长室，才坐定不久，女秘书便从门口探头对董事长说：“很抱歉，今天我没有邮票拿给您。”

“我那12岁的儿子正在收集邮票，所以……”董事长不好意思地向理特解释。

理特便说：“我有朋友在银行国外科，每天都有许多来自世界各地的信件，有许多各国的邮票，哪天带点过来。”

接着理特便开门见山地说明来意。可是董事长却含糊其辞，一直不愿作正面回答。理特见此情景，只好离去。

第二天下午，理特又去找那位董事长，告诉他是专程替他儿子送邮票来的。董事长热诚地招待了他。理特把邮票交给他，他面露微笑，双手接过邮票，就像得到稀世珍宝似的自言自语：

“我儿子一定高兴得不得了。啊！多有价值！”

董事长和理特谈了40分钟有关集邮的事情，又让理特看他儿子照片。一会儿，没等理特开口，他就自动地说出了理特要知道的内幕消息，足足说了一个钟头。他不但把所知道的消息都告诉了理特，又召来部下询问，还打电话请教朋友。

理特没想到区区几十张邮票竟让他圆满地完成了任务。

一句看似平常的客套话，一个真心的举动，一些不值钱的小礼物，打动了董事长的心，理特也顺利地完成了任务。人常说：要讨母亲的欢心，莫过于讨得她孩子的欢心。聪明的人应该利用孩子在交际过程中充当沟通的媒介，一桩看似希望渺茫的事，经过孩子的起承转合，反倒迎刃而解。其实，再强硬、再难打交道的人，只要能找到他感情的软肋，那么事情就好办了。

王东是某著名空调品牌的厂家销售人员，两个月以来，他没有卖出任何商品，这在他的销售生涯还是头一次出现。在公司的销售业绩登记簿上，他也排到了最后一位。一天，他暗暗发誓：今天一定要卖出一台空调，否则将辞去这份工作。

怀着这样的心情，他敲响了一户人家的房门。

“您好，可以占用您几分钟的时间吗？我是空调销售人员，这次厂家搞活动，空调降价幅度高达20%，如果您有意向购买空调的话，这是一个绝好的时机。”

女主人露出感兴趣的神态，说：“是吗？我正想买一台空调，我家的刚好坏了。”

经过一番详细介绍，女主人还是犹豫不决：“这真的是最大优惠了吗？我听说另外一种牌子的空调也在搞活动，他们是买一台空调，赠送一台微波炉。你们为什么不这样做？我想我还是买那一家的比较划算。”

王东认为女主人的话有些离谱，就想开个玩笑，于是笑了笑说：“好吧，如果你购买我们的商品，我们就可以赠送给你一台微波炉！”

女主人听后，信以为真，立即打电话给王东所在的厂家，问道：“如果我在贵公司购买空调，是否可以赠送给我一台微波炉？你们的业务员在我这里，是他跟我说的。”

王东所在的厂家十分重视此事，为了维护公司的信誉，以及对王东的这种不负责任的承诺的惩罚，公司决定：卖给这位女士空调，而且按照承诺，赠送给她一台微波炉，只不过微波炉的钱由王东来出。从此以后，这件事就成了公司教导其他员工的反面教材。

在交际场上，说出去的话就像泼出去的水一样，无法收回。

“不管怎么样，这次价格让你便宜两成！”

“无论什么时候都免费进行维修！”

“这个和那个就白送给你了！”

在总想卖出、让对方买下的心理的支配下，很容易会无意中说出多余的话来，而让对方抓住意外的许诺。

在说出没有商量余地的话之前，一定要在脑子里盘算一下，必须明确表明：在某种范围内自己要承担一定的责任。

处理纠纷时更必须注意不要做口头上的许诺，千万不要为了安慰对方而说出对自己、对自己公司不利的事；如果对纠纷内容没有十分的把握，就不要依对方所说的去办。

“我方将很快做出处理，请原谅！”“那件事，我会负责的。”“这个，我知道怎么处理！”等宜慎用。俗话说：“君子一言，驷马难追。”答应别人的是要兑现的，即使客套话也不例外。

当今社会，说话开空头支票已成为一些人的习惯，嘴上说得好听，做起来却是另一套。一旦时间久了人家认清了你的本来面目，你说得再好听也无法把话说圆。

“空头支票”是个人信用的组成部分，一旦开出而不能兑现，必然使自己的信誉度降低，因此，“空头支票”还是少开为佳。轻率地承诺，很容易被抓住这样的把柄：

“那时你曾发话，责任由你承担的！”

“你向我们承诺过！”

不要在纠纷的当场许下诺言，而应该采用以下的话来平息纠纷：

“我们一定会努力查明问题的真相！”

“待和上司商量后，我们将酌情做出妥善处理！”

“这件事还是让我考虑考虑吧。”

“我试着干干看吧。”

但有时语言表达容易含糊不清，所以一旦找到对方能理解的妥协点，就要清楚说明哪些可做、哪些不能做，而认真地予以解决。如果有可能的话，最好将其付诸书面形式，处理纠纷也是商业交涉，最后一定要弄得一清二楚。

如果你总是对朋友开“空头支票”，这个“行”、那个“没问题”，但又不付诸实际行动，那么你将失去别人的信赖，你与对方的关系就难以维持下去了。

4. 分分钟找到与客户的相同点

我们唯一的目的是打破客户厚厚的心理隔膜，巧妙地化解他们的偏见，让客户能够自然地接纳你。找“一些相同点”，再加以扩大，这是我们销售时的一把利器！

一对老人对自己女儿的婚姻大事非常看重，他们心目中的女婿必须年龄要适合自己的女儿，学历、家庭都要达到一定的水平，可是女儿所选择的对象偏偏是一位“学、经、年”皆不足的青年。虽然这对老人都是非常开明的人，但是在女儿的婚事上却谨慎得很，非常反对女儿嫁给这个“学、经、年”皆不足的年轻人。虽然年轻人委托了一些能说会道的“高手”来说亲，可是结果仍然是被婉拒……

后来年轻人把“准岳丈”的上级领导都找来了，领导对“准岳丈”说：“为了令千金的幸福着想，我们的确应该慎重再慎重，但是不能不为孩子们的幸福着想，就算找个有钱人，也不能让你的女儿幸福，这又何苦呢？”

“说客领导”劝告夫妇二人站在自己女儿的立场上来重新考虑一下这桩婚事。他们经过一段时间的考虑，认为“领导”说得很有道理，如果总是坚持自己的标准，女儿独守空闺也不是个办法，毕竟岁数也不小了。再加上年轻人嘴甜，慢慢也就感化了这对老人。最后，老人尊重了女儿的意愿，终于答应了这桩婚事。后来，这对年轻人过得一直很幸福。

为什么那些说媒“高手”不能打动这两位老人的心呢，也许是因为他们总是站在委托人男方的角度上考虑问题，向这对老人采取了“进攻式”的方法。这对老人能答应他们女儿的婚事，很大程度上是因为老领导那句“为了令千金的幸福着想”的“相同点”。没有这一点，这件事情恐怕就无法办成。“一些相同点”促成了一桩美满的姻缘……

销售的道理也是如此，在销售的时候，找出与对方的相同点并加以扩大能更好地拉近你和客户之间的心理距离。比如，你知道了某某老板对成本控制十分关注，优秀的销售人员就会说：“您可以放心，我们是以贵公司的成本预算为第一考虑因素，才为贵公司量身定作了这套方案……”在电视上，你也会经常看到这样的场景：某保健品电视广告中，李大妈会说，“以前腿老疼，吃了某某药，现在一口气能上六楼了……”这就是广告人寻找相同点以引起消费者共鸣的一种手段！

原一平准备去拜访一家企业的老板，由于各种原因，他用尽各种各样的方法，都无法见到他本人。

有一天，原一平终于找到灵感。他看到附近杂货店的伙计从老板公馆的另一道门走了出来。原一平灵机一动立刻朝那个伙计走去。

“小二哥，你好！前几天，我跟你的老板聊得好开心，今天我有事请教你。”

“请问你老板公馆的衣服都由哪一家洗衣店洗呢？”

“从我们杂货店门前走过去，有一个上坡路段，走过上坡路，左边那一家洗衣店就是了。”

“谢谢你，另外，你知道洗衣店几天会来收一次衣服吗？”

“这个我不太清楚，大概三四天吧。”

“非常感谢你，祝你好运。”

原一平顺利从洗衣店店主口中得到老板西装的布料、颜色、式样的资料。

西装店的店主对他说：“原先生，你实在太有眼光了，你知道企业名人某某老板吗？他是我们的老主顾，你所选的西装，花色与式样与他的一模一样。”

原一平假装很惊讶地说："有这回事吗？真是凑巧。"

店主主动提到企业老板的名字，说到老板的西装、领带、皮鞋，还进一步谈到他的谈吐与嗜好。

有一天，机会终于来了，原一平穿上那一套西装并打一搭配的领带，从容地站在老板前面。

如原一平所料，他大吃一惊，一脸惊讶，接着恍然大悟大笑起来。

后来，这位老板成了原一平的客户。

原一平告诉我们，接近准客户最好的方法就是投其所好。培养与准客户一样的爱好或兴趣。当准客户注意你时，就会有进一步想了解你的欲望。

推销员看到一个小孩蹦蹦跳跳，东摸西抓，片刻不停，也许会心中生厌。但一名推销高手，却对他母亲说："这孩子真是活泼可爱！"

孩子是父母心中的"小太阳"，看到孩子，不论长相啥样，也不管可爱与否，推销员应该说的是："喔！好可爱的孩子！几岁了？……"这样一定能打开对方的话匣子，把小宝宝可爱聪明的故事说上一大堆。这种和谐的气氛自然能"融化"她的借口，顺利推销你的商品。把客户和你的"一些相同点"加以扩大，往往能获得良好的说服效果。如果对方和你有偏见，你不能直接说出来，你可以将自己的想法说成是"偏见"，让客户听到你的"偏见"后，会以此为借鉴，反省自己的想法，因此发觉自己所坚持的观点不一定是绝对的。

我们唯一的目的是打破客户厚厚的心理隔膜，巧妙地化解他们的偏见，让客户能够自然地接纳你。

5. 让你的销售变成帮助

让你说话的口气像朋友，让顾客觉得你是在帮他们。这是每一个渴望成功的销售人员起码应该养成的工作习惯，也是所有销售部门最基本的工作方式，也是所有营销人员必须学会的一套新思维！

很多顾客走出商场的时候，会这样说："本来我想买那件东西，但是讨厌的销售员嗡嗡唧唧，用一堆老掉牙的推销伎俩向我施压，简直是在强迫我购买——感觉很不爽。”

所以说，销售人员在和客户交谈的时候，不能用推销员的口气说话，要像对待朋友那样去帮助客户。这也就是我们一直在强调的站在客户的角度想问题。

站在客户的角度考虑问题，不但能赢得客户的好感，还可以减少经营过程中许多不必要的麻烦。

一次一位顾客想买洗衣机，本来人家已经考虑好了自己想买的品牌，没想到一进商场，销售人员上来就是一通热情的介绍，什么水流洗涤方式啦，电脑主控板口啦，发动机电压稳定不稳定啦……将一些消费者根本无需了解的行业细节一股脑地灌了下去。

最后，顾客听他说了一番话，长了一些学问，很委婉地谢绝了这个销售员的建议，走向了另一个大商场。也许你会问：为什么？销售人员做得不对吗？让顾客多知道一些专业知识不是更好吗？这样的想法是对的，但是没有找到顾客购物的突破口。简单地说，没有说到顾客的心里去。

顾客会这样想：我家的电压一直很稳定，我对什么“高科技、全功能”也不太感兴趣，我只关心洗衣机好用不好用。看到销售人员在那边口若悬河，也许顾客早就捂紧了自己的钱包，生怕你掏走自己的钱。

销售人员，你为什么不能先试着搞清楚顾客的意图呢？上来就像例行公事一样宣传你自己的产品，可惜这样的宣传毫无沟通的价值。站在客户的角度想问题，不是让你口若悬河，是让你说话的口气像朋友，让顾客觉得你是在帮他们。这是每一个渴望成功的销售人员起码应该养成的工作习惯，也是所有销售部门最基本的工作方式，也是所有营销人员必须学会的一套新思维！

“先生，您好。我们的皮鞋全部是意大利进口，可以满足您低、中、高各档需求。您现在看到的这家店是我们公司在全国开设的第一百零八家连锁店。我们经营的理念是：总有一款适合您。先生，您看您需要哪一双？”这样的话似乎有些可笑，就像事先背好的套话，缺乏创意和诚意。

相信这是很多顾客在购物时遇到最多的一种推销方式，被人们戏称为“最能打击顾客购买热情的推销方式”。所以，尽管很多销售员总是在抱怨自己说得口干舌燥了，最后很多顾客还是无动于衷，甚至面无表情地转身离开。

这是为什么呢？人们都相信这句话：“王婆卖瓜，自卖自夸。”你越是无的放矢地对自己的产品夸夸其谈，顾客就越容易反感甚至怀疑你的意图。

于是，无数顾客就眼睁睁地从我们眼皮子底下溜走了。那我们究竟该怎么说好呢？不妨试试这样说：“先生，您好，我是售货员。不好意思，我能占用您几分钟时间，向您介绍一下我们最新款的皮鞋吗？”你这样一说，开门见山，直接限定好了做生意的气氛。如果顾客点头同意了，你再开始你的演讲不是更好？说话的时候多从顾客穿鞋的角度想想，一般他是不会走开的。这样既保住了自己的面子，也能让顾客产生浓厚的购买兴趣。

接下来，你再这样说：“先生，您真有眼光，您现在看到这双鞋是我们店里刚进的一款新鞋，或许很适合您，您可以试试。”顾客听了你的话，会感觉自己受到了特殊的关照，心理上对你有了认同感，最后付款成交的概率就会很高。

6. 与销售无关的话题尽量简单

不要把那些必须跟客户讲清楚的重要的话拼命地硬塞给他们，在你讲解的过程中，可以换一种角度，从客户感兴趣的小故事、小笑话着手，用幽默的方式来刺激客户，然后再转回到正题上来，也许这样效果会更好！

无可避免地，销售中一定会存在一些枯燥性的话题，有时候，这些话题你不得不讲解给客户听。但是，这些话题讲出来人人都不爱听，甚至一听就会打瞌睡。不讲吧，这是业务需要；讲吧，客户又不爱听。这时候，销售人员该怎么办？

销售专家们对此又有什么好的方法呢？简单来说，就是要把话往简单里说。尽量把这些话讲得简单生动，有些对产品不是很重要的地方甚至可以概括来讲，一带而过。这样，客户听了才不会感到了无生趣，才不会打瞌睡。

想让你的销售达到预期效果，最好不要把那些必须跟客户讲清楚的重要的话拼命地硬塞给他们，在你讲解的过程中，可以换一种角度，从客户感兴趣的小故事、小笑话着手，用幽默的方式来刺激客户，然后再转回到正题上来，也许这样效果会更好！总之，对于枯燥无味的话题，客户不爱听的话，销售人员最好是能保留就保留起来，束之高阁，有时比和盘托出要高明一筹！

下面，就让我们来看看美国人是怎样把枯燥繁琐的折扣方法告诉客户的。

一位女士走进西部航空公司的售票厅，对售票小姐说："我要两张旧金山的机票。"

"好的，女士，不过，这种机票有多种优惠价格，不知道您适合哪一种？"小姐答道。

"优惠？"女士漫不经心地说，"我听说过你们有优惠，但是不知道你们有什么优惠啊？"

"您是美国印第安人吗？"

"不是。你问这于嘛？"

"那真是太遗憾了，如果您是印第安人，并在凌晨4点启程，又在次日清晨返回的话，我们可以给您减价30%，但现在只有8%的优惠。"

"哎，真可惜，请问你们还有别的优惠条件吗？"

"有啊，如果您已经结婚50年以上并没有离婚，将要去参加您的结婚纪念活动的话，我们给您优惠20%。"

"不好意思，还有别的吗？"

"有，如果您是一位度假的国家驻外使馆人员，可以给您15%的优惠。"

"很遗憾，我正和先生一起旅行。"

"哎呀，女士您怎么不早说？您先生还不到60岁吧？如果你们不赶在周末旅行，那就能享受到20%的优惠。"

"抱歉，我们只有周末才有时间旅行！"

"是这样啊，那请问您和您先生有当学生的吗？如果你们其中一人在上大学，并且在星期五乘飞机，我们可以给您45%的优惠（耶稣在星期五遇难，因此星期五被视为不祥之日）。"

“差不多能便宜一半啊！可惜我不符合你们的条件，小姐，您还是给我那8％的优惠吧，谢谢您的详细介绍……”

想想看，这么名目繁多的优惠条件，要是一件一件说出来有多烦人啊，顾客是不会听你在一边啰里啰嗦的！销售员要学会这种富有幽默色彩的讲话方式，用一些有趣的话来引导客户，会取得更好的效果！就算你不能达到“幽默”的境界，尽量化繁为简也能不断激起客户的关注。枯燥的话题，束之高阁比和盘托出更高明！

7. 说通俗的话别说太专业的话

让我们仔细分析一下，那些喜欢满嘴专业名词的人就像满嘴之乎者也的老学究一样不招人喜欢！其实，在客户眼里，“这些销售人员是在把我们当作小学生吗？满口都是专业名词，让人怎么能接受？”“既然听不懂，我们不可能了解这些东西，更谈不上购买了！”

李勇在保险公司还没干两个月，就处处以保险专家的身份自居，一上阵，就一股脑地向客户炫耀自己是专家；一张口就是一大堆专业术语，把客户搞得一头雾水，听了都感到压力很大。在和客户交谈的时候，李勇接二连三地狂吐专业名词，什么“豁免保费”“费率”“债权”“债权受益人”，让客户不再一头雾水了，倒像是坠入了五里云雾中……客户们对他这个所谓的保险专家很反感，拒绝也就变得顺理成章起来，可笑的是李勇还沉浸在专家的梦里，到了年底，和同事们比，业务果然是第一，只不过是倒数的！

这就是客户心中真实的想法，他们不是在讨厌专业，而是在讨厌专业名词。如果你能把这些专业性术语转换成简单的话语，让客户听得明明白白，一定能有效地达到沟通的目的，这样你的销售才会达到没有阻碍交易效果。

这也是很多营销专家们总结出来的宝贵经验，不要说“专业名词”，多用通俗易懂的语言，这样最容易被大众所接受。

所以，销售人员在交易活动中要多使用通俗化的语句，要让客户听得懂，这是销售的第一步。在讲解产品和业务时语言必须简单明了，表达方式必须直截了当。如果不能达到这一点，很可能就会产生沟通障碍，最终影响交易的实现。

王总的公司要搬到一个新的办公区，急需安装一个能够体现公司特色的邮件箱，于是让秘书去找家公司咨询一下。秘书拨打了一个电话，接电话的销售员听了秘书的要求，很诚恳地跟秘书小姐说："贵公司最适合CSI邮箱了，方便实用更能体现贵公司的企业文化！"一个CSI把秘书小姐搞得一头雾水，特意跑到总经理办公室去问了一下，王总也搞不懂。

于是，秘书小姐又问这个销售人员："麻烦你能说得详细一点吗？这个CSI是金属的还是塑料的？是圆形的还是方形的？"

对方对于秘书的疑问感到很不解："如果你们想用金属的，可以选择FDX，每个FDX还可以配上两个NCO。"天啊，秘书崩溃了，一个CSI不算，竟然又冒出了什么FDX、NCO，简直是要人命！这几个字母把秘书彻底打败了，她一头雾水，只好无奈地对他说："再见，有机会再联系吧！"

于是，一桩交易就这样夭折了……

上面的案例告诉我们：一个销售人员首先要做的不是你的专业，而是要用客户明白的语言来介绍自己的商品！客户搞不懂，自然不会买你的账！

第五章

调动成交氛围，让语言符合节奏

说话不能只关注说的内容，说的方式也很重要，哪里需要停顿，哪里需要高亢，用什么样的语气，用什么样的语调，如何训练自己的嗓音……这些都需要销售员认真对待。

1. 不要小看语气的作用

在与人谈话的过程中，同一句话用不同的语气说出来，其效果也会有很大的反差，下面我们举例来说明这一问题：

例：下面句中加粗部分表示强调，请体会其所表达的意思有什么不同。

班长说这个电话是你接的。

班长**说**这个电话是你接的。

班长说**这个**电话是你接的。

班长说这个**电话**是你接的。

班长说这个电话**是**你接的。

班长说这个电话是**你接**的。

班长说这个电话是你接**的**。

从上面的例子可以看出，只是语气上的不同，就可以使同样的话变成各种不同的意思。可见说话时语气的重要性。

同样，在销售员与客户进行沟通时，说话时的语气也很关键。销售员要注意讲话的语气，要成为一个会说话的人，充分把握交谈的主动权，促使销售洽谈得以顺利进行。

（1）不卑不亢

销售员的说话语气要做到不卑不亢，不要让客户感觉到你是在哀求他，那种唯唯诺诺的语气只会传达一种消极的信息给客户，同时也不利于建立自身的专业形象。另外，也不要让客户感觉到你有股盛气凌人的架势，这样说话会给客户留下极为不好的印象，潜在的交易也很可能因此而泡汤。

（2）言语要委婉

不同的措辞会给人以不同的信息，即使我们想表达同一种意思，积极的言辞与消极的言辞所传递的效果也是不同的。

“我想了解一下你们公司今年打印机的使用情况。”这句话中，哪一个词用得不太好？是“了解”。“了解”是谁在获益？当然是询问方了。而如果我们将这个词换成“咨询”或者“请教”的话，那么给客户的感觉就会好得多。

如果在你的推销用语中，讲究言语的委婉，善于运用“我”来代替“你”，尤其是在提出请求和表示反对的时候，那么就会在很大程度上有助于你的推销工作顺利进行。

例如：

直接说法：您的名字叫什么？

委婉说法：请问，我可以知道您的名字吗？

直接说法：您必须……

委婉说法：我们要为您那样做，这是我们需要的。

直接说法：您错了，不是那样的！

委婉说法：对不起，我没说清楚，但我想它运转的方式有些不同。

直接说法：如果您需要我的帮助，您必须……

委婉说法：我愿意帮助您，但首先我需要……

直接说法：您做得不正确……

委婉说法：我得到了不同的结果。让我们一起来看看到底怎么回事。

直接说法：听着，那没有坏，所有系统都是那样工作的。

委婉说法：那表明系统是正常工作的。让我们一起来看看到底哪儿存在问题。

直接说法：注意，您必须今天做完！

委婉说法：如果您今天能完成，我会非常感激。

直接说法：当然您会收到，但您必须把名字和地址给我。

委婉说法：当然我会立即发送给您一个，我能知道您的名字和地址吗？

直接说法：您没有弄明白，这次听好了。

委婉说法：也许我说得不够清楚，请允许我再解释一遍。

总之，在与客户沟通的过程中，销售员要时刻注意自己的语气。最好是，不要用那种推销色彩太浓的语气来与顾客交谈，而应该以一种朋友的语气和态度去与客户进行沟通。

2. 锤炼迷人的嗓音

嗓音是决定一个人说话效果的关键，善于运用嗓音的销售员，说话显得精力充沛，富有吸引力。悦耳的嗓音就像音乐一样会给客户带来愉快的情绪。如果一位女性，她的声音清脆圆润，那不管她到什么地方，只要一开口说话，所有的人都会洗耳恭听，因为他们无法抗拒这如此富有魅力的声音。那种真诚、爽朗、充满生命活力的声音就像从干裂的地面喷出的一股清泉，就像从静寂的山谷涌出的一道急流，在每个人的心头涓涓而流，恰似生命中最美的音符。即便这位女士的相貌相当普通，但因她的声音所带来的魅力是不可阻挡的，她高雅的素养和迷人的个性无疑会给人们带来最美好的享受。

那么，优美的声音有没有标准呢？回答是肯定的。我们根据国内外口才专家的建议，总结出以下几条，以供参考。

（1）语调

语调能反映出一个人说话时的内心世界，表露其情感和态度。当你生气、惊愕、怀疑、激动时，你表现出的语调也一定不自然。从你的语调中，人们可以感到你是一个令人信服、幽默、可亲可近的人，还是一个呆板保守、具有挑衅性、好阿谀奉承或阴险狡猾的人。你的语调同样也能反映出你是一个优柔寡断、自卑、充满敌意的人，还是一个诚实、自信、坦率以及尊重他人的人。

不管你谈论什么样的话题，都应保持说话的语调与所谈及的内容相互配合，并且能恰当地表明你对某一话题的态度。要做到这一点，你还应做到以下几点：

1）向他人及时准确地传递准确的信息；

2）得体地劝说他人；

3）倡导他人实施某一行动要有力度；

4）说话果敢，不拖泥带水。

（2）节奏

与口才出色的人谈话简直是一种艺术的享受。他们说话时，抑扬顿挫，引人入胜，就像一个出色的钢琴家，将语言的节奏当作钢琴的琴键而随意指挥，弹奏出一曲动人心弦的“高山流水”。他们对语言节奏的掌握可谓随心所欲。

语言的节奏，大致可分为高亢型、低沉型、凝重型、轻快型、紧张型、舒缓型，若能有效地掌握，便能起到打动人心的效果。

（3）发音

发音是说话的关键，我们所说出的每一个词、每一句话都是由一个个最基本的语音单位组成，然后再加上适当的重音和语调。正确恰当的发音，将有助于你准确地表达自己的思想，使你心想事成。只有清晰地发出每一个音节，才能清楚明白地表达出自己的思想，才能自信地面对你的谈话对手，达到你想拥有的谈话效果。

（4）音量

说话应适当控制音量，当你内心紧张时往往发出的声音又尖又高。当你意志消沉时，说话往往会让人觉得有气无力。彼得是一家大型保险公司的推销员。在平时的工作中，他总是表现得异常活跃和激动，为了让大家听到他所说的话，他总是大声叫喊。每当他打电话时，隔几个办公室也能听清他所说的每一句话，同事们对他的这些行为很是反感。

其实，语言的威慑力和影响力与声音的高低是两回事。大喊大叫不一定能说服和压制他人。声音过大只能迫使他人不愿听你讲话而讨厌你说话的声音。这与音调一样，我们每个人说话的声音大小也有其范围，你可以试着发出各种音量大小不同的声音，并仔细听听，找到一种最为合适的声音。

（5）情感

声音是感情的外部体现，声音与感情之间有一定的对应关系。当人心情愉快时，声音是明朗的，而抑郁不欢时，声音就较黯淡。若没有这种对应关系，就不可能用声音传递情感信息，也就无法引起对方情感上的共鸣。如果失去了感情的运动变化，声音便没有内在依据，声音也就失去了活力，成了空洞僵滞的东西。感情的变化丰富细致，因而与它相适应的声音的变化也必须是生动丰富的。响亮而生机勃勃的声音给人以充满活力与生命力之感。当你向某人传递信息、劝说他人时，这一点有着重大的影响。当你讲话时，你的发音、音调、音量、情绪、表情同你说话的内容一样，会极大地带动和感染你的听众。

3. 语音要清晰易辨

作为销售员，声音是否具有较强的感染力，会直接对自己在客户心目中的形象产生影响。不同的人，音质各不相同，那么销售员在声音上要注意哪些地方呢?

（1）吐词要清晰

清晰的表达能够让客户听清楚你说的是什么，这对销售员来说是一项最基本的要求。作为销售员，发音一定要标准，吐字一定要清晰。语言表达是否清楚、普通话的流利和标准程度，都会直接影响销售员声音的感染力。

推销员向顾客介绍自己产品的时候要注意克服地方方言的影响。比如北方人说普通话的特点就是儿化音现象很严重，尤其是当说话的语速很快的时候，别人或许根本就听不懂；而南方人在说话时往往平舌与翘舌不分、前后鼻音不分，很容易让人产生误解。

一个推销员去一家公司推销他们的产品，该公司经理刚好姓史，于是推销员进去先向经理问好：“史（死）经理，您好！我是（四）……”

经理刚准备开始自己一天的工作，一句“死经理”让他惊异地抬起头，一大清早就被人辟头骂了一句“死经理”，他心里感觉极不舒服，所以经理很不开心地看着这位推销员，但是对方似乎没有觉察到他的不快，依然在不停地“史（死）经理长、史（死）经理短的”，让史经理哭笑不得。

没办法，史经理只得告诉他：“别再喊经理了，你有什么话就说吧！”

推销员于是连忙说：“哦，应该叫您先生，好的，‘史（死）’先生……”史经理听到这句话感觉更加不舒服，于是他对推销员说：“您有什么事情，就照直说吧，大清早的，不要乱喊……”

推销员于是告诉他，他是一家保险公司的推销员，是来向史先生推销人寿保险的。一听是推销保险的，于是他怒气冲冲地对他说："对不起，请你出去，我还有事情要做。"推销员无奈只得退了出去，他始终也想不通为什么经理会突然对他发脾气。

（2）语言要流畅

销售员的声音除了吐词清晰以外还要注意语言的流畅性，语言是思维的外在表现，一个说话很流畅的人，通常被人认为是个思维敏捷的人，或者可以反过来，正因为他的思维敏捷所以他才能如此流畅。而且，语言流畅也可以很好地增加自己的自信心，同时也能获得别人的好感与信任，让人相信你的能力。

（3）声音要洪亮

销售员说话尽量声音洪亮，声音洪亮就可以让顾客充分感染你的情绪，增加对你个人的信任，并能够对你的产品产生一种强烈的兴趣，也能产生一种想听下去的愿望。

顾客会从你洪亮的语音里感受到你的热情，以及你对自己推销工作的激情和你对自己产品的那份热忱。也许有人会说声音的洪亮与否跟个人的客观条件有关，有的人声带厚而宽，自然他的声音就洪亮而浑厚；而有的人声带则相反，那么他的声音自然就低而尖。固然，声音与自己的生理条件是密切相关的，但是声音还与自己的发声方式有关。在古代，中国就有唱女声而成名的"四大名旦"，也有唱男声闻名的越剧女伶；在现代，使用美声唱法的歌唱家通常能合唱出与她平时说话声音截然不同的声音。因此，声音是可以改变的。销售员可以适当改变一下自己的发音方法，让自己的声音变得洪亮、浑厚，也能让对方产生一种美感。

（4）语速要适中

讲话的语速也会影响到声音的感染力。如果说话的语速太快，客户可能还没有听明白，你就已经说完了，反之，如果你说得太慢，而对方又是急性子，那客户也会受不了。因此，最恰当的做法应该是根据客户具体情况，来调节自己的语言节奏，以做到恰到好处的停顿与平稳的语速，从而取得良好的谈话效果。

4. 语调的细微差别不可忽视

语调往往最能反映出一个人说话时的内心世界，也能表现出个人的情感和态度，它的细微差别能够向人们传达很多信息。

通常来说，高昂的语调催人振奋，低沉的语调则会让人情绪低迷。作为销售员，在与客户接触的过程中，要学会控制语调，尽量做到不说则已，要说就要说得活灵活现。

我们在听新闻广播时，发现播音员往往都不带主观意识，不带感情，只是在平实客观地述说，这是出于其职业的需要。但销售人员就不同了，一般来说，饱含感情的说话是至关重要的。在讲话时，如果没有抑扬顿挫或不带感情时，听起来就会让人感到无聊乏味。充满感情地去和客户交流，才能收到良好的效果。因为从你的语调中，客户可以看出你是一个充满激情、令人信服、可亲近的人，还是一个呆板保守、具有挑衅性、阿谀奉承的人。此外，你的语调同样也能反映出你对人是否坦率，心里是否能够尊重他人。

无论你谈论什么样的话题，都应保持说话的语调与所谈及的内容相互配合。恰当的语调能够及时、准确地向客户传递你所掌握的信息，并能够委婉地劝说客户接受你的某种观点或者倡导客户实施某一行动，并能恰当地表明你对某一话题的态度。

声音的抑扬顿挫，是一流销售员应该具备的条件。如果你对自己的工作有浓厚的兴趣和情感，当你在做这件工作时就会把热情投注其中，自然你说话的声音就能产生出极富说服力的抑扬顿挫的声调来。

一般来说，在进行推销实践中，销售员的语调不能太高。同时，讲话时要注意语调的抑扬顿挫，还要注意根据客户的语调变化来不断地对自己的语调进行适当的调整。说话的语调不应是一味平铺直叙的，而要富有节奏。同时口头表达的多样化能够提高客户的兴趣和参与意识。在说“您好”的时候，声音上扬可以表现出你的激情活力，与降调的“您好”效果就大不一样。在表示有疑问的时候，可以稍微提高句尾的声音。同时，在重要的词句上，还要加上重音。

5. 说话节奏要干脆流利

要增强声音的感染力，一个很重要的影响因素就是说话的节奏。节奏一方面是指讲话的语速，另一方面也是指销售员对客户所讲问题的反应速度。在日常生活中，大多数人从来不考虑说话的节奏，事实上，通过改变说话节奏来避免单调乏味对促进推销员与客户的交流是相当重要的。

那些讲话磕磕绊绊没有任何节奏感的销售员，很少能够打动客户。这样的人，几乎说不出什么值得我们去注意的东西。只有懂得说话的节奏、思路清晰的人，才会有活跃的思维。

掌握好节奏的最高境界是说话自然流利。

当然，恰当的停顿不属于不流利，因为我们经常利用停顿展开新的思路，或者从一个要点过渡到另一个要点，或者重复某个词以期给客户留下更深一层的印象。

磕绊的次数是可以数出来的，这也是熬过听那些令人生厌的讲话的有趣方法。在大多无味的讲话中都会有磕绊。在你自己的讲话中，请别人统计一下，你发生磕绊的次数具有很大的实际价值。

很少有人能够在即兴讲话中不出现磕绊情况。我们发现有些销售员最多达到每分钟30处，许多的销售员有20处之多。

那么，如何才能掌握好说话的节奏，并提高说话的流利水平呢？

（1）应熟悉讲话的主题

当我们的思考不发生任何迟疑的情况时，要说的话也自动地到了嘴边。充分的准备可以增加流利程度，因为这能增加自己的自信心，从而更能坚信自己要讲的东西。另外，熟悉主题会使讲话者有更大激情，这种激情会使讲话者的整个身心都投入到其演说的境界之中。这样，流利也就不成其问题了。

（2）发音要准确

发音含糊不清是说话犹豫的一种表现。如果讲话者连续几个地方都有迟疑不决的现象，就会使人感到他其实并不知道自己在讲什么，而是在头脑中力图发现哪儿出了毛病，结果说话更加不流利。因此，如果我们有意识地在流利方面做出一些努力，会收到很好的成效；反之，如果我们在演说的其他方面下工夫，而认为到时候自然会流利起来，那结果将只有失望。

（3）注意讲话的速度

在语言交流中，讲话的快慢将直接影响向客户传递信息的效果。如果销售员讲话速度太快，尤其是所推销的产品对客户来说又是比较陌生时，那么客户可能还没有听明白你在说什么，你说的话却已经结束了，客户听不太清楚，自然就会失去兴趣，这肯定也会影响推销的效果。

（4）注意对客户的应对速度

对客户讲话的应对速度也很重要。销售员如果对客户的话语反应太快，特别在知道客户下面要说什么的情况下而打断了客户，那么就是一种不关心、不尊重顾客的表现，往往会被客户误解为没有耐心倾听自己的谈话。反之，推销员对客户话语的反应如果太慢，会被顾客认为销售人员根本就没有认真听他讲话。

当客户讲述完他的观点之后，有意让你对刚才他的陈述发表看法时，这才是你说话的好时机。此时要注意让自己的话语保持一个适当的速度。适中的语速是大多数客户所乐意接受的。回应客户的讲话时，偶尔的停顿无关紧要，但不要在停顿时加上“嗯”或紧张不安地清一下嗓子。

（5）快速地讲话也能提高流利程度

当你快速讲话时，你的心理便能更快地发挥功能，就像阅读一样，如果你能集中精力快速阅读，那么，在你用于读一本书的时间内，你就能读两本书，并且能理解得更透彻。掌握好说话的节奏，使说话就像琴弦一样有张力，像流水一样缓缓东流。为此，我们应积极地学习。

6. 运用停顿要适当

说话中的停顿与连接是为表达语句的意义和层次、思想和情感服务的，并不完全受标点符号的制约。没有标点符号的地方，有时需要停顿；有标点符号的地方，有时则要连接。这一点应该牢记，但也不能死搬硬套。

停顿与连接在说话中起着重要的表情达意的作用，主要意义在于以下六点：

◎保证语意清晰明确，不使听者产生误会；

◎强调重点，加深印象；

◎并列分合，使内容完整；

◎造成转折呼应；

◎体现思考判断，给听众的领悟提供依据和时间；

◎造成意境，令人回味想象。

推销中的适时停顿，则可以用来整理自己的思维、观察对方的反应，并能够起到引起对方的好奇、促使对方回答、强迫对方迅速下决心等作用。适当的停顿不仅能吸引客户的注意力，还可以让客户有机会思考并主动参与到沟通中来，同时使你与客户的沟通更有趣味。

为了更好地发挥停顿的作用，销售员需要做好以下几点：

（1）准确判断客户的反应

说话时运用停顿是一种需要好好掌握的技巧。有意识的停顿，不仅使讲话层次分明，还能突出重点，吸引听者的注意力。而且适当的停顿能使听者明白你所讲的内容分为几个部分，前后是否照应。只有条理清楚的讲话，才具有说服力。

在推销中，令很多销售员都十分头疼的一个问题就是如何判断客户是否在听他们讲话。其实，判断客户是否在认真听的最好办法就是运用停顿。

在你对客户讲解了一分钟后，就应稍微停顿一下，停顿的时候，根据客户的反应就可以判断他们有没有在听，如果客户示意你继续说，就反映出他是在认真地听你说话。

停顿还有另一个好处，就是客户可能有问题要问你，你停顿下来，他才能借机会向你提出问题。

（2）恰当地运用停顿

运用停顿在交谈中是非常重要的，但是在具体运用停顿的过程中，应该注意停顿既不能太长，也不能太短，这就需要销售员根据具体的情况去进行具体的分析，去揣摩应该什么时候停顿。

当我们在转换语言，承上启下，或提示重点，总结中心主题的时候，往往都需要适当的停顿，以引起客户的注意。

停顿有时并不仅仅局限于声音，还可以配合一些手势动作来进行。

例如：低头沉思；双手握拳作激动状；说到关键处，双目凝视；深深地叹息；紧皱眉头，作痛苦状；抬头仰望天等。在运用这些动作时，要注意做得自然、逼真，以免别人认为你是在故意做作，只是为了吸引他们的注意力。

下面可以看一下这位推销员是如何巧妙地利用停顿来丰富自己的谈话内容，进而达到推销目的的。

“张总，我相信贵公司的员工到贵公司工作的一部分原因是（这时推销员的声音逐渐提高）他们仰慕您的为人。”（说到这里，推销员的音调更高了，达到让全办公室的人都可听到谈话的目的。）

“既然您的全体员工都对您怀有仰慕之情，那么对于您来说，最重要的就莫过于自己的健康问题了。您只有保持身体的健康，才能领导员工去冲锋陷阵。”（推销员慷慨激昂，忠言直谏。）

接着，推销员降低声音，“如果您的身体垮下去的话，怎么能够对得起那些爱戴您的员工呢？您喜欢或讨厌药物，您要不要吃药，那又是次要问题。”

说到这里，推销员又提高了声音，“现在最重要的是，您的健康是否确实毫无问题，您曾经去检查过吗？”推销员一口气说到这里，想到运用“停顿”的妙方，于是突然打住。这时整个办公室鸦雀无声，都在等待对方的回答。

对方显得有点手足无措，隔了一会儿才说：

“我还没有去医院检查过。”

“那么您就应该抓紧了，就让我为您服务吧！我将带着仪器专程来贵公司给您做身体检查。”

对方沉默了一会儿，推销员也在一旁不吭声。

最后，总经理说：“好吧！那就麻烦你了！”

第六章

会说更要会倾听

在沟通交流中，销售员应该让客户多说，自己多听，并保持适当的沉默。

雄辩是一门艺术，沉默也是。通往成功的捷径，就是把你的耳朵借给别人，而不是把你的嘴巴借给别人。

1. 倾听就是一种尊重

一个善于倾听的销售员，在别人说话时，眼睛会直视对方，表现出自己真的是感兴趣，不仅是在真诚地倾听，而且也在全身心地投入，并及时做出反应。

其实，倾听中的沉默也并不是什么新奇的方法。早在两千年前，西塞罗就说过："沉默是一门艺术，雄辩也是。"但是现在"听"的艺术却往往被人们忽略了。真正的好听众是少之又少。

提问往往比陈述更有利于帮客户理清思路，使客户积极主动地说服自己，从而尽快作出购买决定，并采取行动。显然，这大大提高了销售成功的概率。

经过两个多月的奔波，珍尼终于找到了一所能令她的客户马汶先生完全满意的房子。在他们看房子的那一天，她的客户表现出了难以掩饰的惊喜。不论是房子的建筑风格还是结构格局，甚至车库和泳池都受到了马汶先生的热烈赞扬。他兴奋地说，"所有的这一切都完美无缺，它简直太漂亮了。我真想立刻就拥有它。"

珍尼很高兴，她知道事情已经成功了一半。于是她看着马汶先生说："只要你愿意在这张纸上签上你的名字，你就可以拥有它了。不过在你签单之前，我觉得必须告诉你一件事情，这栋房子价格比你想出的房款要高出五万美元。"

听了这番话后，马汶先生脸上笑容渐渐消失了，他的表情变得平静，并陷入了思考。珍尼觉察到了这一变化，于是她问了一个问题："马汶先生，你说过你打算在这座城市定居，我想你肯定会在这里住上20年吧？"

"事实上，我打算在这儿住更长的时间。"

“那你觉得这的周边设施以及交通状况怎样？它们会使这座房子的价值以每年1％的速度增长吗？”

“这当然太有可能了。这里发达的公路网和即将启动的市建工程很有可能使它在短期内价值翻番。”

“那么请再回答我一个问题。你现在每年要拿出多少钱来支付公寓租金？”

“8万左右。”

“那你愿意以年租金6万元的价格租下这座漂亮的房子吗？而且更为诱人的是，当到了年底你就可以拥有这座房子，享受它为你带来的年1％的价值增长，并在它的相伴下幸福快乐地生活30年。你觉得这个计划怎么样？”

马汶先生听后，二话没说就在珍尼拿出的订单上签上了自己的名字。

珍尼通过询问了解到客户的顾虑所在，并进行针对的说服，使客户心甘情愿地多掏5万美元购买房子。这个故事给我们很好的启示：最有说服力的语言表达方式不是陈述，而是提问。提问不但比陈述更有利于销售员了解导致客户犹豫不决的真正原因并有针对性地加以说服，而且更有利于传达销售员对自己产品的信赖，从而影响对方。合适的提问往往可以将销售过程推向前进。

推销并不是要求每时每刻都要求推销员口若悬河，因为，对于很多人来讲，言多必有失。多去倾听客户的诉求，会让他们产生一种被尊重感，这种效果对于推销的成功至关重要。

会说话的人都是会听话的人。自己不想哇啦哇啦地说个不停而是洗耳恭听的人是最会说话的人。

在日常会话当中，要做到会听是相当困难的，不要说会听，有的人甚至连互相交谈的最基本原则都做不到。对方一开口，立刻打断对方，自己开始长篇大论地讲个不停，等到对方感到不快而索性不说了，他反而认为对方被自己说服了，因而得意洋洋，这样的人还真不少。通常自己的毛病是不太容易被自己发现的。

日常会话是提高讲话艺术水准的舞台。销售人员应留心别人对话中的一些坏毛病，使之成为警惕自己的好材料。

在和对方的谈话过程中会听是很重要的一环，这是博得对方好感的一个秘诀。遗憾的是，不少销售人员急于推销商品，把对方所讲的话都当成耳边风，而且总是迫不及待地在商谈中提出问题或打断对方的话，或申述自己的观点。这些都是不适当的。欲速则不达，如果想使交易成功，顾客长篇大论时是成功到来的有利时机，你应该为此高兴，所以当对方滔滔不绝地说时，应该立刻提起精神来倾听，并不时兴趣盎然地说："后来呢？"以催促对方继续往下说，要用好像听得出了神的样子去倾听对方的谈话。

对于喜欢说话的顾客，销售人员只要洗耳恭听，他就会笑容满面，高兴得不得了。在这种情况下，当对方关住话匣子时，紧接着很可能说："就这么决定了，我们订合约吧！"即使签不了合约，他也会很高兴地等待着您的下一次来访。

就一般的交谈内容而言，并非总是包含许多有用的信息。有时，一些普通的话题，对你来说可能没有什么实际意义，但是客户的谈兴却很浓。这时，出于对客户的尊重，你就应该保持足够的耐心，听客户说下去，切记不要表现出厌烦的神色。

专家统计结果显示，一个人的说话速度在每分钟120—180字之间，而人的大脑思维的反应速度却要快得多。所以在现实中你往往会遇到这种情况，很可能客户还没有将话说完，或者客户只是说出了其中的几句话，而你就已知道了他的全部意思。那么这时，由于已经了解了对方的意图，所以思想也就会自然而然地随之而放松了，这种细微的心理变化在你的外表上又往往会表现为一些心不在焉的下意识的动作和神情，以至于对客户接下来的言语"充耳不闻"。而当客户突然问你一些问题和请教你的见解时，如果你只是毫无表情地保持缄默，或者答非所问，客户就会感到十分难堪和不快，觉得自己是在"对牛弹琴"，从而就会对接下来双方的沟通工作产生不利的影响。

在与客户接触时，越是善于耐心倾听客户的意见，推销成功的可能性也就越大，因为聆听是褒奖客户谈话的一种方式。对于同一销售人员来说，听客户谈话应做到像自己谈话那样，始终保持饱满的热情与良好的精神状态，并时刻专心致志地注视着客户。当然，如果你确实觉得客户讲得淡而无味、浪费时间的话，则可以巧妙地提一些你感兴趣的问题，以此转移对方的谈兴。但是要注意绝不能随意打断客户的话，应当让他心平气和地讲完，即使他的意见不是新的或不符合实际的情况，也要听下去。

推销员：“××先生，通过观察贵厂的情况，我发现你们自己维修花的钱比雇我们干还要多，是这样吗？”

客户：“我也认为我们自己干不太划算，我承认你们的服务不错，但你们毕竟缺乏电子方面的……”

推销员：“对不起，请允许我插一句……有一点我想说明一下，任何人都不是天才，修理汽车需要特殊的设备和材料，比如真空泵、钻孔机、曲轴……”

客户：“是的，不过，你误解了我的意思，我想说的是……”

推销员：“我明白您的意思。就算您的部下绝顶聪明，也不能在没有专用设备的条件下干出有水平的活来……”

客户：“但你还没有弄清我的意思，现在我们负责维修的伙计是……”

推销员：“现在等一下，××先生，只等一分钟，我只说一句话，如果您认为……”

客户：“你现在可以走了。”

上述案例中，推销员几次三番打断客户的述说，这是推销中的一大禁忌。如果采用上述这种对话方式，推销的结果也就不言而喻了，是根本没有成功的希望的。

一个合格的推销员懂得去让客户充分地表达他们的异议，即使你知道他下一句要说什么，也不要试图去打断他。对客户要有礼貌，要认真听他说，并做出适当的反应，给予巧妙的而非狡诈、装腔作势的回答。没有一个客户会喜欢那种自作聪明的推销员，除非推销员表现出对客户的话语及其观点感兴趣，否则他永远也不会赢得客户的好感与信任。

2. 在提问前先听懂对方的意图

在口才技巧中，提问是一门学问。良好的提问能够充分了解对方的想法，得到你想得知的信息。在销售中，学会提问也是销售员必须掌握的技巧。如果不会提问，你就不知道客户在想什么，需求是什么。从一定程度上说，提问是销售沟通进行下去的必要条件。

想要掌握提问的技巧，学会聆听客户的话是前提。不能够聆听客户在说什么，你的提问就无法具有针对性，更无法激起客户回答的兴趣。有位哲学家曾说过"自然赋予我们人类一张嘴、两只耳朵，也就是让我们多听少说。"倾听是迈向智慧、迈向成功的第一步。善于倾听，对销售员来说是最基本的要素，是一种有效的销售技巧。

销售人员小刘去一家公司拜访客户。

小刘说："吴经理，我来之前，对你们公司进行过了解，发现你们自己维修设备的费用，比雇用我们维修要花费的多得多呢，是这样吗？"

吴经理："是的，有这样的情况，我也认为不太合算。我承认你们的服务不错，但是在技术方面……"

小刘说："不好意思，请允许我插一句，有一点我想说明一下。其实，任何人都不是天才，而维修机器设备有时需要特殊的设备和材料……"

吴经理："是的，我明白，你好像误解了我的意思，我想说的是……"

小刘："其实我明白你的意思。但就算你们公司的员工绝顶聪明，也不能在没有专业设备的条件下，迅速修理好设备的。"

吴经理："我觉得你还没有搞明白我的意思，现在我们专门负责维修机器设备的员工是……"

小刘："是这样的，吴经理，稍等一下，我再说一句话，如果你认为……"

吴经理："对不起，我有些重要的事情要去做，今天就谈到这里吧。"

显然，这次谈话是非常失败的，销售人员三番五次地打断客户是销售沟通中的一大禁忌。如果采取这种沟通方式，成交根本没有希望。与客户沟通的过程，是一个双向的、互动的过程。客户并不是一直处于被动的接受劝说和聆听介绍，他们也要表达自己的意见，也需要得到销售人员的认真倾听。因此，让客户多说，自己多听，是销售沟通中每个销售员都必须学会的技能。

想要成为一名优秀的销售员，在和客户交流的过程中应该如何做到有效的倾听呢？

（1）不轻易打断客户谈话，更不能加入话题或纠正他

倾听是给客户谈话时间，这能使客户感受到被尊重，反过来就会更加信任并尊重销售员。认真倾听的态度会给客户留下好印象，所以在谈话未完成之前，不要打断客户的谈话或随意插嘴、接话。除此之外，更不要不顾客户的反应另起话题。

（2）专心、真诚地倾听客户的谈话，并及时回应客户

倾听必须是全神贯注地去听，并辅助以适当的表情、动作或简短的回应语句，这样才可以激起客户继续谈话的兴趣。如果客户在倾诉过程中，得不到销售员的回应，就会认为谈话毫无意义；如能得到回应，就表明他的谈话正受到关注，从而有兴趣与你继续沟通和交流，销售员因此就可以获得更多的客户需求信息。

（3）选择适当时机巧妙地提问，核实你需要的信息

认真倾听客户的谈话也需要你在适当的时机进行提问，提问可以表明你是在认真思考客户谈话的内容，从而让客户有受到重视的感觉，并能引导客户说出自己的想法和相关信息。同时，提问还可以让销售员对客户提供的一些信息进行准确核实，并及时进行记录。

（4）注意倾听时的礼仪

良好的倾听礼仪既可以显得自身有涵养，又能表达出对客户的尊重。例如：身体略向前倾，表情自然；在倾听过程中，保持和客户视线的接触，不东张西望；表示赞同时点头、微笑等，这些都需要销售员在实际中不断地学习、积累。

倾听，是销售员与客户实现良好沟通的重要手段，让客户多说，自己多听，是销售员必须学会的技能。为了获得更多的收益，请学会倾听吧！

3. 加上表情和语言的认可

千万不要忘记，那个正在与你谈话的客户，只会对他自己、他的需要、他的问题最感兴趣，这要比对你及你的问题胜过上百倍。

你能否成为优秀推销员，最关键的还是看在实践中的表现。这才真正关系到我们能否成功，所以我们一定要注意以下几个方面的问题。

（1）全神贯注地去倾听

这里指的倾听，不仅仅是用耳朵来听，也包括用眼睛去观察对方的表情与动作，用心去为对方的话语做设身处地的考虑，用脑去研究对方话语背后的动机。在推销谈判中就是在做到"耳到、眼到、心到、脑到"的前提下，综合地去"倾听"。

倾听客户的讲话要集中注意力，细心聆听对方所讲的每个字，注意对方的措辞及表达方式，注意对方的语气、语调、面部表情、眼神、动作等，所有这些都能为你提供线索，去发现对方一言一行背后所隐含的内容。

例如：在销售沟通中，我们常常听到这样的说法："顺便提一下……"说话的人试图给人一种印象，似乎他要说的事情是突然想起来的。但是，你要明白的是，他要说的事情恰恰可能是非常重要的，先说这么一句，显得漫不经心，其实不过是故作姿态而已。所以，当你发现一个人常用诸如"老实说""说真的""坦率地说""真诚地说"等类似的一些词句的时候，往往就是此人既不坦率，也不诚实的时候。这种词句，只不过是一种低劣的掩饰罢了。

（2）抛弃先入为主的观念

只有抛弃那些先入为主的观念，才能耐心地倾听客户的讲话，才能正确理解对方讲话所传递的信息，从而准确地把握对方话语的核心，才能客观、公正地听取、接受对方的疑惑与不满。

（3）控制好自己的言行

在倾听对方时，最难也是最关键的技巧之一，就是要约束、控制好自己的言行。通常人们都会喜欢听赞扬性的语言，不喜欢听批评、对立性的语言。当听到反对意见时，总会忍不住要马上批驳，似乎只有这样，才能说明自己有理。还有的人过于喜欢表现自己，这都会导致与对方交流时，过多地讲话，或打断别人的讲话。这不仅会影响自己的倾听，也会影响对方的谈兴和对你的印象。所以，在与客户的沟通中，一定不要轻易插话打断对方的讲话，也不要自作聪明地妄加评论。

（4）尽量创造倾听的机会

要想营造一种较为理想的谈话氛围，并鼓励客户谈下去，再谈下去，作为倾听方，就需要采取一些策略方法。

第一，要善于鼓励。倾听对方的阐述需要做好相应的准备，否则，倾听时心不在焉，会让对方觉得你根本就没听，从而会让对方感到不愉快，觉得你没有合作的诚意。因此，在倾听时一定要让对方心情愉快、愿意继续讲下去，其基本技巧之一，就是用微笑、点头、目光等来表示对客户的呼应，来显自己对客户谈话的兴趣，从而促使对方继续讲下去。

第二，要善于表示对客户的理解。试想一下，如果在推销谈判中，你侃侃而谈了半天，而对方却一点儿听懂、明白了的表示都没有，那么你还有兴致谈下去吗？所以，不妨设身处地地为对方考虑一下，在推销谈判中，当你充当“倾听者”时，一定要注意以“是”“对”等答话来表示自己的肯定，在对方停顿下来的时候，也可以用简单的话语来指出对方的某些观点与自己一致，或运用自己的经历、经验来说明对讲话者的理解，有时还可以适当复述对方所说过的话，这些表示理解的方式都是对讲话者的一种积极呼应。

第三，要善于激励客户讲下去。有时候，适当地运用反驳和沉默，也可以激励客户继续谈下去。当然，这里所说的反驳并不是指轻易地打断对方的讲话或插话，而是当对方征求你的意见或稍作停顿时，对其进行适度的反驳。另外，根据具体的谈判情况，你也可以保持适当的沉默，因为沉默有时也不等同于承认或忽视，它可以表示你在思考，是重视对方的意见，也可能是在暗示对方让他们转变话题。

（5）有鉴别地去倾听

有鉴别的去听必须要建立在专心倾听的基础上，因为不用心听，就无法鉴别出客户所传递出来的信息。例如“太贵了”，这几乎是每一位客户的口头禅，言外之意就是“我不想出这个价”，而不是“我没有那么多钱”。如果不能辨别其背后的真正含义，就往往会错把顾客的借口当作反对意见而加以反驳，从而很容易激怒顾客，同时也让顾客找到了为自己进行辩护的借口，也就会在无形中增加推销的阻力。

所以，只有对客户的谈话内容进行恰当的鉴别，才能摸清客户的真实意图，而只有在掌握了顾客真正意图的基础上，才能更有效地调整谈话策略，从而对客户进行更有针对性的说服工作。

（6）不要因急于反驳客户而结束倾听

即使是在已经明了客户真实意图的情况下，也要坚持听完对方的阐述，而不要因为急于纠正客户的观点而打断对方的谈话。即便是根本不同意客户的观点，也要耐心地听对方讲完。因为，听得越多，就越容易发现客户的真正动机和主要的反对意见，从而有针对性地调整自己下一步的销售策略。

（7）倾听要配合有积极的回应

要使自己的倾听获得更好的效果，就不仅要去潜心地听，还应该有一些反馈性的表示，比如点头、欠身、双眼注视顾客，或重复对方所说的一些重要句子，或提出几个对方关心的问题。这样一来，客户就会因为销售员如此专心地倾听而愿意更多、更深地讲出自己的一些观点。

4. 保持你的专心致志

著名的成功学家卡耐基说过："你即使喜欢果酱，而在钓鱼的时候，仍然不能用果酱作鱼饵；在这个时候，即使你讨厌蚯蚓，也得用它，因为鱼喜欢才会上钩。"这话虽然有些实用主义的味道，然而，用它来说明说话者与听者的关系，不失为一个生动的比喻。作为销售员尤其应该注意这一点。

当客户向你发表一些自己的观点时，如果你只是毫无表情地缄默，或者心不在焉，那就会令顾客感到非常尴尬。相反，如果你能够表现出你时刻都在耐心倾听对方的谈话，无形中就能满足对方的自尊心，并有助于加深彼此间的感情，为推销的成功创造和谐融洽的环境和气氛。

作为推销员的约克面临着一个很大的障碍：他的听力很糟糕，他只能从别人说话的口形来判断对方说话的内容。但让人意想不到的是，正是这种听力上的缺陷反而给约克的推销工作带来了莫大的帮助。

格雷迪是罗伯特斯公司的创始人和总裁，该公司的业务是为圣戈地区的老板们提供潜在客户的信用情况。现在他们要购买一套计算机系统，这套设备至少需要二三十万美元。由于涉及金额较大，所以他对此也比较慎重，考察了很多家计算机设备商的产品与报价。

约克是其中一家计算机公司的推销员，为了赢得这份来大合同，他先后在长达10个月的时间里跟格雷迪会谈了几十次，还进行了许多次的电话沟通与产品展示，以及频繁的谈判与宴请。可以说，这是一次马拉松式的推销。正是在这场推销中，约克逐渐意识到了自己的一个出人意料的优势，而这个优势正是来自于他那极其糟糕的听力。

原来，每次当他和格雷迪进行会谈时，由于听力较差，所以为了听清对方的谈话，他就必须全神贯注地去倾听、去观察，以判别格雷迪的口形，从而得知对方在说什么。在和格雷迪洽谈时，他一般都坐到椅子的外缘上，身体也尽量向前倾，这样才能够更好地观察格雷迪的口形。约克的这种不经意的动作与表情，在无形之中就给了格雷迪这样一个感觉：即对方在非常耐心认真地倾听自己的谈话，他对自己的谈话很感兴趣，也很尊重自己。

由于需要调动全部的注意力来观察格雷迪的口形，所以约克一点也不能分心，就是电话铃响或者客户的秘书进来——他的眼睛都始终没离开过格雷迪的脸。而且即使是在做笔记时，约克的眼睛也在看着对方。

就这样，在整个推销过程中，只要和格雷迪谈话，约克从不分神，这样一来，约克的态度就让格雷迪先生觉得他是世界上最重要的人，从而强烈地满足了他的自尊心。可想而知，最终约克和他成功的达成了交易。

在签完合同后，约克就下决心要改善一下自己的听力。于是他出去买了一套助听器。当他戴上助听器，再一次去拜访格雷迪的时候，情况却发生了变化。

当他和格雷迪在办公室交谈时，由于戴上了助听器，所以不需要再坐到椅子边上，身体也不必向前倾了，他就靠在椅子背上，拿出笔记本问道："机器工作得怎么样？"格雷迪开始讲计算机的工作情况，突然秘书进来了。不自觉地，约克一边听格雷迪讲，一边不时地各处看看，因为他再也不用专注地盯着格雷迪的脸，就能听见他在说什么。“这可真棒！”他心想，他能一边听，一边随意地到处看看。

十几分钟之后，格雷迪突然半途停下话题，约克当时正在一边听他说话，一边望着窗外的风景。

“约克！”格雷迪提高嗓门叫着。

“什么事？”约克一边回答，一边收回视线看着他。

“我要你把那玩意儿取下来。”

“把什么取下来，格雷迪？”约克不解地问。

“你的助听器。”

约克一脸疑惑：“为什么？”

“因为我觉得现在你对我一点都不在乎了。我更喜欢以前那样——你坐在椅子边上，身体前倾，时刻注意着我的一举一动，那会让我感到受重视。而现在，在听我说话时你东张西望。好像眼里根本没有我。我知道你不会那样对我，但我还是请你取下那助听器。”

约克也突然明白问题的所在，就取下助听器并放回盒子里，坐在椅子边上倾听他谈话，像以前一样，全神贯注地看着他。就连做笔记时，也不把视线移开一点。格雷迪的脸上又重新露出了满意的笑容！

在推销过程中，谈话是在传递信息，听别人谈话是在接受信息，作为推销中的一方，即使在听的时候，也是主动的。听人谈话，并非只是简单地用耳朵就行了，还需要积极地做出各种反应。这不仅是出于礼貌，还是在调节谈话内容和洽谈气氛。

因此，听客户谈话应像自己谈话那样，始终保持饱满的精神状态，专心致志地注视着客户。当然，如果你确实觉得客户讲得淡而无味、浪费时间的话，你可以巧妙地提一些你感兴趣的问题，不露痕迹地转移对方的话题。绝不能随便打断客户的话，应当让他心平气和地讲完，即使他的意见对我们没有任何的帮助，或不符合实际的情况，也要认真地听下去。

5. 千万不要打断客户的话

英国克兰菲尔傅管理学院的HE. 麦克唐纳博士在他编撰的《神奇推销术》一书中，发表这样的看法："让客户充分表达他的异议，即使你知道他下一句要说什么，也不要试图打断他。对客户要有礼貌，要认真听他所说的，尽力做出反应，给予巧妙的而非狡诈、装腔作势的回答。没有一个买主会喜欢自作聪明的推销员，除非推销员表现出对买主及其问题有兴趣，否则他永远不会赢得买主的信任。"

真正有效的聆听，不仅仅是耳朵的简单使用，而是和嘴巴、脑袋有效的配合。尤其是嘴巴，因为许多人一直认为当别人说时，闭起嘴巴才是讲礼貌的表现。

"聆听的要旨是对某人所说的话"表示有兴趣"。如果发言者谈论的内容确实无聊且讲话速度又慢，我们可以转变自己的想法，所谓"三人行必有我师"，设想聆听这场谈话或多或少都可使自己获益，那么在聆听别人谈话时就会自然流露出敬意，这也才是有礼貌的表现。

某位职业经理人被一家大公司聘用担任销售经理。但是，他对公司具体的推销品牌和推销业务却一窍不通。当推销人员到他那里去汇报工作并征求建议时，他什么答复都无法提供——因为他自己一无所知！

然而，这个人的确是一个懂得如何倾听的高手。当手下的推销员问他任何问题，他都会回答："你自己认为你应该怎么做呢？"那些人自然就会说出他们的想法和解决方案，他接着就点头表示同意，然后他们就满意地离开了。

他们都认为他是一个优秀的销售经理。

倾听是一门艺术。倾听的技巧就是在对方谈话时聚精会神、全神贯注地聆听。当某个人到你的办公室来和你谈判时，你绝对不允许任何事情分散注意力。如果你是在一个喧哗嘈杂的房间里和人谈话，你应当想方设法地让对方感觉到你们是在场的唯一两个人。

在交谈中，你的双眼应直盯着对方。即使此时有一个持枪的暴徒突然闯进房间，你或许也不会注意到他。尼克深深地记得被冒犯的一次亲身经历：

尼克和他的销售经理正在共进晚餐，每次那位漂亮的女招待经过他身边时，销售经理的视线都会一直追随着她，直到看不见为止。尼克当时感到自己受到了莫大的侮辱，并愤愤不平地想道：“那位女招待的腿显然要比自己说的话对他更重要。他一点都没有认真听我讲话，他完全漠视了我的存在！”为了清楚地听到对方的谈话，聚精会神、集中注意力是必要的，因为如果我们的精力不集中，我们就会神游天外、心不在焉。

运用认真倾听法时，推销员可以在适当的时候，以恰当的方式方提异议。记住：千万不要打断顾客的话，这是处理顾客的购买异议帮助顾客更清楚地陈述自己的意见。然后，再诚恳地解答对方异议时首先要牢记的第一件事。

在对方倾诉的时候，尽量不要打断对方说话，大脑思维紧紧跟着他的诉说走，要用脑而不是用耳听。要学会理性的善感。理性的善感就是忧他而忧，乐他而乐，急他所需。这种时候往往要配合眼神和肢体语言，轻柔地看着对方的鼻尖，如果明白了对方诉说的内容，要不时地点头示意。必要的时候，用自己的语言重复对方所说的内容。如：你刚才所说的孤独，是指心灵上的孤独，所以你在人越多的时候，越感到孤独，不知道我的理解是否正确（要鼓励对方继续说下去）。

做一个合格的倾听者应当掌握的四个要点是：注意、接受、引申和欣赏话题。

（1）注意

倾听时，眼睛注视说话的人，将注意力始终集中在别人谈话的内容上，给予对方一个畅所欲言的空间，不抢话题，表现出一种认真、耐心、虚心的态度。

（2）接受

交谈时，通过赞同的微笑、肯定的点头，或者手势、体态等做出积极的反应，表现出对谈话内容的兴趣和对谈话对方的接纳与尊重。

（3）引申话题

通过对某些谈话内容的重复和对谈话对方情感的重述，或通过提出某些恰当的问题，表现出对谈话内容的理解，同时帮助对方完成叙述，从而使话题进一步深入。

（4）欣赏

在倾听中找到对方的优点，表达出发自内心的赞叹，给予总结性的高度评价。欣赏使沟通变得轻松愉快，它是良性沟通不可缺少的润滑剂。

6. 不断地分析判断

就一般的交谈内容而言，并非总是包含许多有用的信息。有时，一些普通的话题，对你来说可能没有什么实际意义，但是客户的谈兴却很浓。这时，出于对客户的尊重，你就应该保持足够的耐心，听客户说下去，切记不要表现出厌烦的神色。

专家统计结果显示，一个人的说话速度在每分钟120—180字之间，而人的大脑思维的反应速度却要快得多。所以在现实中你往往会遇到这种情况，很可能客户还没有将话说完，或者客户只是说出了其中的几句话，而你就已知道了他的全部意思。那么这时，由于已经了解了对方的意图，所以思想也就会自然而然地随之而放松了，这种细微的心理变化在你的外表上又往往会表现为一些心不在焉的下意识动作和神情，以至于对客户接下来的言语“充耳不闻”。而当客户突然问你一些问题和请教你的见解时，如果你只是毫无表情的缄默，或者答非所问，客户就会感到十分难堪和不快，觉得自己是在“对牛弹琴”，从而就会对接下来双方的沟通工作产生不利的影响。

在与客户接触时，越是善于耐心倾听客户的意见，推销成功的可能性也就越大，因为聆听是褒奖客户谈话的一种方式。对于同一销售人员来说，听客户谈话应做到像自己谈话那样，始终保持饱满的热情与良好的精神状态，并时刻专心致志地注视着客户。当然，如果你确实觉得客户讲得淡而无味、浪费时间的话，则可以巧妙地提一些你感兴趣的问题，以此转移对方的谈兴。但是要注意绝不能随意打断客户的话，应当让他心平气和地讲完，即使他的意见不是新的或不符合实际的情况，也要听下去。

一个合格的推销员懂得让客户充分地表达他们的异议，即使你知道他下一句要说什么，也不要试图去打断他。对客户要有礼貌，要认真听他说，并做出适当的反应，给予巧妙的而非狡诈、装腔作势的回答。没有一个客户会喜欢那种自作聪明的推销员，除非推销员表现出对客户的话语及其观点感兴趣，否则他永远也不会赢得客户的好感与信任。

7. 认真聆听客户的抱怨

当客户说出他们心中的抱怨时，只要认真倾听，并对他们的感受表示同情，就可以赢得他们的心。

在销售中，推销员常常会遇到一些非常挑剔的客户。这时，推销员该如何应对他们呢?

要知道，即使是这种喜欢挑剔的客户，或者甚至是那种脾气最火爆的客户，也常常会在一个具有忍耐心和同情心的倾听者面前，让态度变得缓和起来。当客户正火冒三丈的倾吐自己的抱怨与不满的时候，倾听者应当保持足够的耐心去听，而且只是认真地倾听客户的谈话，不要做任何的反驳，否则只会让客户更加坚持自己的观点，使事情更加难以处理。

下面是一个真实的例子：

这是德第蒙德尼龙公司创始人德第蒙德先生亲身经历的一件事，他的公司后来成了世界服装行业最大的毛料供应公司。

有一个早上，一位怒气冲冲的客户闯进了德第蒙德先生的办公室，因为德第蒙德公司信用部接连给他发了好几封催款函，要求他归还拖欠的15美元。尽管他不承认有这笔欠款，但德第蒙德公司知道确实是他错了，所以坚持要他还款。

在收到最后一封催款函之后，这位客户来到了芝加哥，怒气冲冲地闯进德第蒙德先生的办公室。下面就是他们的对话：

德第蒙德："你好，汉尼，你怎么来了？"

客户："太过分了！我不但不会支付那笔钱，而且今后再也不会订购你们公司的任何货物。"

德第蒙德先生见对方的火气很大，于是就没有说话，而是脸露微笑地静听着对方要说什么。

"我和你们做了这么多年的生意，竟然还会欠你们15美元……我可不是一个喜欢赖账不还的人。"

在客户发牢骚的过程中，德第蒙德先生虽然有好几次都想打断对方来为自己解释，但是他知道那样做并不能解决问题，所以他就干脆让对方尽情地发泄。

当客户最后怒气消尽，能够静下心来听取别人的意见时，德第蒙德先生才开始平静地对他说："你到芝加哥来告诉我这件事，我应该向你表示感谢。你帮了我一个大忙，因为我们信用部如果让您感到了不愉快的话，那么他们同样也可能会使别的顾客不高兴，那对我们来说可真是太不幸了，一定是我们的工作方式出了问题。所以，你一定要相信我，我比你更想听到这件事。"

对方可能怎么也没有料到德第蒙德先生会这样说，他可能还会有一点失望，因为他到芝加哥来，本来是想和德第蒙德先生大吵一番的，可是德第蒙德先生却不仅没有和他争吵，反而还向他表示了感谢，这当然大大出乎了他的意料。

德第蒙德先生明白地告诉客户说："我们要勾销那笔15美元的账，并忘掉这件事。因为你是一个很细心的人，而且只是涉及这一份账目；而我们的员工却要负责几千份账目，所以和我们的员工相比，你更不会出错。"

听他这么一说，客户就更不知如何回答德第蒙德先生了。

德第蒙德先生又告诉客户："我十分清楚你的感受，如果我处在你的位置，我也会和你一样的。既然你以后不想再买我们的产品了，我就再给你推荐其他几家公司如何？"

客户感到更不好意思了，就没说什么话。

以前每当这位客户来芝加哥时，德第蒙德先生总是要请他吃饭，所以那天他照例请这位客户吃午餐。客户也勉强答应了。但是当德第蒙德回到办公室的时候，为了回报德第蒙德先生的宽厚对待，这位客户却订购了比以前多出许多倍的货物，然后平心静气地回去了。

返回后，这位客户又特意检查了一遍他的账单，结果他却找到了那张15美元的账单，原来是自己弄错了，而且还因此跑到对方那里大吵大闹，想到这里他感到羞愧不已，而且此时他更感受到了德第蒙德先生的善解人意与宽厚的胸怀。于是，他立即给德第蒙德公司寄去了一张15美元的支票，并向德第蒙德先生表达了他的歉意。

从此以后，这位客户就成了德第蒙德先生的朋友和忠诚客户，直到22年以后去世为止。后来，这位客户有了一个男孩，他就为儿子取名叫德第蒙德。

德第蒙德先生给所有的推销员上了非常生动的一课：即使你能肯定客户百分之百是错的，但是一旦客户坚持他们没有错时，那么你就不妨耐心地去倾听，给他们发泄和抱怨的机会，等他们平静下来后，再推心置腹地给予同情和合理的答复，就像德第蒙德先生那样去做，这不但可以消除客户的抱怨，还能赢得客户，使他们最终成为你的忠诚客户。

第七章

说话时加点糖

人们希望所取得的荣誉和成就受到他人的承认与尊重。人们的穿着打扮，也希望得到别人的称赞与好感。既然人们具有被承认和被赞美的需要，推销人员便可以利用这一动机，承认顾客，赞美顾客，接近顾客。在实际推销工作中，推销人员会遇到各种类型的顾客，也有一些似乎不尽情理的顾客，但只要推销人员不抱成见，不先入为主，总会找到一些可以赞美的地方。

1. 打开心扉的办法很简单，说对方爱听的话

下面是一个通过赞美话来接近客户的范例。

销售员刘方以稳健自信的步伐走向王经理，当视线接触到王经理时，他微微点头行礼致意，将视线放在王经理的鼻端。当走近王经理时，他停下向王经理深深地点头行礼。刘方此时面带微笑，先向王经理问好以及自我介绍。

刘方："王经理，您好，我是大华公司的销售员刘方，请多多指教。"

王经理："请坐。"

刘方："谢谢。非常感谢王经理在百忙中抽出时间与我会面，我一定要把握住这么好的机会。"（刘方非常诚恳地感谢王经理的接见，表示要把握住这个难得的机会，让王经理感受到自己是个重要人物。）

王经理："不用客气，我也很高兴见到您。"

刘方："贵公司在王经理的领导下，业务领先业界，真是令人钦佩。我浏览过贵公司的网站，知道王经理非常重视网络营销，现在很多客户都从网上购买产品了。使用这种方式营销您在业内是榜样啊！"（刘方将事前调查资料中有关网络营销这点特别在寒暄中提出来，以便有一个好的前提。）

王经理："我们销售的产品是网络办公设备，我们的客户以高科技企业为主。随着网络的普及，这些客户都开始从网上来寻找自己需要的产品，我们做自己的网站的目的是满足客户在网络上查询产品、了解产品，提高我们的销售效率。"

刘方："王经理，您的理念确实反映出贵公司的经营特性，很有远见。我相信贵公司在销售方面已经做得非常成功了。我向您推荐一个网站推广的方案，这个方案可以使客户更容易发现您的产品和服务，这样不仅能提高销售

额，也有很好的广告效应，使您公司及您的产品具备更大知名度。”（刘方先夸赞对方，然后表达出拜访的理由。）

王经理：“网站推广方案？”

刘方：“是的。王经理在销售方面的经验和成绩深得业内人士尊重，在我来之前，已经听到过不少关于您辉煌的销售业绩和卓越的管理能力的赞扬话语。其实网站的目的不仅仅是让客户从网上查看产品功能和了解公司，更重要的是能让客户有产品需求时随时随地发现您，继而登录到您的网站去查看他所需要的信息。如果没有适当的网站推广，客户怎样才能发现您可以提供给他所需要的产品呢？”（刘方采用了先夸奖后提问的方法。）

王经理沉吟片刻，然后说：“说说你的看法吧！”

就这样，刘方打开了销售对象的心理防线，并令客户产生好感，让客户能够认真聆听他的讲解，为接下来的推销打好基础。

每个人都有虚荣心，而满足人虚荣心的最好方法就是让对方产生优越感。但是并不是每个人都能功成名就，相反地，大部分的人都过着平凡的日子。每个人平常都承受着不同的压力，处处听命于人。虽说常态如此，但是绝大多数人都想尝试一下优越于别人的滋味，因此，这些人会比较喜欢那些能满足自己优越感的人。

而让人产生优越感最有效的方法就是对于他自傲的事情加以赞美。若客户的优越感被满足了，初次见面的警戒心也自然消失了，彼此距离也拉近了，双方的关系向前迈进了一大步。在这里，我们称之为赞美接近法。

所谓赞美接近法，也叫夸奖接近法或恭维接近法，是指推销人员利用顾客的自尊及虚荣心理来引起对方注意和兴趣，进而转入面谈的接近方法。在实际生活中，每个人都希望为人所知，为人承认，被人提起，受人称赞。对于大多数顾客而言，这种方法是比较容易接受的。

那么，在使用赞美接近法的时候，我们应注意的使用要点有哪些呢？

首先，选择适当的赞美目标。

推销人员必须选择适当的目标加以赞美。若客户讲究穿着，你可向他请教如何搭配衣服；若客户是知名公司的员工，你可表示羡慕他能在这么好的公司上班。

就个体顾客来说，个人的长相、衣着、举止谈吐、风度气质、才华成就、家庭环境、亲戚朋友等，都可以给予赞美。就团体顾客来说，除了上述赞美目标之外，企业名称、规模、产品质量、服务态度、经营业绩等，也可以作为赞美对象。不论是赞美个人还是赞美集体，不论是赞美人物还是赞美事物，都应该选择最佳赞美目标。如果推销人员胡吹乱捧，则必将弄巧成拙。推销人员尤其应该注意分析推销环境，认真进行接近准备，切不可弄错赞美目标。

其次，选择适当的赞美方式。

事实上，不合实际的、虚情假意的赞美，只会使顾客感到难堪，甚至会产生反作用，导致顾客对推销员产生不好的印象。因此，推销人员赞美顾客，一定要诚心诚意，一定要把握分寸。

对于年老的顾客，应该多用间接、委婉的赞美语言；对于年轻的顾客，则可以用比较直接、热情的赞美语言。对于不同类型的顾客，赞美的方式也应不同。例如，面对严肃型的顾客，赞语应自然朴实，点到为止；对于虚荣型顾客，则可以尽量发挥赞美的作用。

最后，要注意并不是所有的顾客都乐于接受推销人员的赞美。

就算是同一个顾客，在不同的推销环境里，在不同的心境下，对相同的赞美方式也会有完全不同的反应。事实上，有些顾客喜欢表现自己，尤其是在别人面前加以炫耀，这类顾客希望得到推销员的赞美，而得到了不适当的赞美便有一种被人看不起的感觉，推销人员冷落这类顾客便等于冷落自己。也有些顾客不愿意与推销人员作过多的交谈，更不愿意推销人员评头品足、说三道四，尤其不喜欢推销人员触及个人或家庭私事，认为推销人员的所谓赞美只不过是一种愚弄顾客的手段而已，因而，对推销人员的赞美不以为然，甚至十分反感。

2. 瞄准靶子再射箭

不管赞美什么，都是说给人听的。要是忘了这一点，赞美就是无的放矢，毫无实效。

当你看到一个人拥有一辆名牌汽车，你会怎样赞美呢？

在现代营销战术中，所谓的“美人计”中的“美”字应当做动词理解，如“美容”“美发”一般让人变得更美，让人感到自己很美，这才是“美人计”的最高境界。要达到这一境界，极其有效且成本低廉的做法就是用语言赞美。

有一位营销员曾经说，原先他以为“拍马”是拍拍马的屁股，让马感到很舒服，后来才知道“拍马”一词出自蒙古族。据说从前蒙古人的身份、地位完全可以从他的坐骑看出，所以，当他们称赞一个人时，总是拍着他的马的屁股连声道：“好马！好马！”既然马是好马，那骑在马背上的主人自然是好汉了。

现在，你想好怎么赞美汽车了吗？会不会轻轻地摸着车子连声说：“好车！好车！真漂亮！”如果这样说，可谓还徘徊在“赞美”大门之外，尚未得其诀窍。车子再漂亮，那也是生产厂家的功劳，和车主有什么关系？直截了当、毫无特色、只管物品、与人无关、隔靴搔痒……怎么能起到好的作用呢？拍一拍马的屁股，马还有反应，说不定还会喜欢上你；可你摸车子，车子能有感觉吗？车子会领你的情吗？

赞美是给人听的，所以一定要与人有关系。在上述例子中，如果销售人员说“这车子保养得真好”，就说明他注意到了车主的活动，其观察能力和思维方式都已入了赞美之门，初窥到了赞美奥秘。

请问，当一个销售人员到客户家里访问，首先应对客户的哪些东西进行赞美？

高明的营销员会针对对方的能力大发感慨。如到客户家里拜访，说：“这房间布置得真别致，富有特色。”这是在赞赏客户的审美观。同样，对汽车也可以从“独特的”车内装潢进行赞美，这样比仅仅说“保养得好”强很多。同样，对一个女孩子说“这样的衣服穿在你身上，可真是绿叶扶红花！”这仅仅只是表达出了欣赏对方的眼光。如能紧紧盯住对方的知识、能力、品味，将赞美做到这一步，则说明你有一定的造诣了。

除了“你很能干！”之类的一般赞赏外，恭维客户的“精明”，向客户“请教”等等都是营销员常用的赞美绝招。

销售人员赞美客户，就是为了让对方获得“自己非常美好”的感觉。一个人的外表有美丑之分，能力有高低之别，这些都是难以求全的。但是一个人的心灵与其外貌、能力没有什么必然关系。明白这一点的营销员，就会聪明地把赞美的目标转到对方的心灵上。

“你的眼睛又清澈又明亮，透过这两扇心灵之窗，我看到了一颗纯洁的心！”

“你开车这么稳，又谨慎又稳健，太好了！”

“你喜欢储蓄？好啊！谨慎，稳当。”

“你太热心了！”

“真没想到你这么细心！”

当你看到这段文字时，请你想象一下，如果有人对你说这样的话，你会有什么感觉？如沐春风吧？

在人际交往中适度听到一些被夸奖、称赞的话，博取美誉，是人所共有的心理需要。说“美”话就是对对方非凡的经历、伟大的事业、卓越的贡献、高尚的人格、良好的声誉、优秀的才能表示由衷的赞美，或者在表示理解尊重的同时，从正面用道德、荣誉等引导对方做好具体的言行。

用美誉激励对方，使其同时也形成自励，从而以更高的标准自觉地、严格地要求自己，在继续创造美誉的过程中更加完善。美誉推崇根据内容的不同，可分为直接赞美和正面激励两种方式。直接赞美是因对方已经获得良好的声誉而赞美对方；而正面激励是为了调动对方道义、情操方面的精神力量，希望其创造良好的声誉。

美国著名心理学家威廉·詹姆士说：“人类本性上最深的企图之一是期望被赞美、钦佩、尊重。”渴望赞扬是每一个人内心中的一种基本愿望。所以，当我们生活在社会当中，要想在善意、和谐的气氛中有所创新，就应该去寻找别人的价值，并设法告诉他，让他觉得那价值实在值得珍惜，从而创造出一个崭新的自己。这样，我们便等于扮演了鼓励他、帮助他的角色。这就是赞美的意义之所在。

3. 赞赏既不能吝啬，也不能滥施

赞赏既不能吝啬，也不能滥施，对什么都赞赏表示你的品位太低。

俗话说："人不可能是十全十美的。"同样地，人也不可能只有缺点而没有长处。找出对方的优点与之相处，一定可得到很完美的结果。也就是说，将对方的优点提出来夸奖，这样做的话，你不但可多得一个朋友，同时也增加了会话的机会，只有好处，没有坏处。

那么，对于真正的英俊男人应该怎么夸赞？或许你认为这太简单了，事实上并不尽然。有的人以明星来夸奖别人时，说："我觉得你很像某个英俊的电影明星！"当然，如果对方也很喜欢这位明星的话，他当然会很高兴地接受你的夸奖。假如很不巧，对方非常讨厌这位电影明星的话，那么会产生什么结果呢？也许对方会板起脸说："是么？我和他很像，这简直是对我的一种侮辱！我最讨厌他那种……"这时，你只好在一旁苦笑了。

一般而言，大部分的男性对男明星都有自己的价值观，这份好恶的感觉非常清晰，因此，最好不要引用明星来赞美人家。如果要用的话，应该先说：

"哎！你对某明星的感觉如何？"

"唔……我觉得他很不错，尤其是演技真精湛！"

"唔，我也觉得。对了，过去有没有人向你提过这点，你长得很像他，都非常英俊！"

这就是一种很值得学习的有技巧性的赞美方法，如果盲目赞美的话，很可能得到反效果。

赞美是一件好事情，但并不是一件简单的事。若在赞美别人时，不审时度势，不掌握一定的技巧，即使是真诚的赞美，也会使好事变为坏事。

决定赞美效果的因素有两方面：一是赞美者本人。看他的赞美是否是发自内心的、真诚的，因为虚假的赞美是注定要失败的；二是被赞美者。看他所得到的赞美是否是他所期望的，是否是合乎情理的赞美。如果被赞美者所得到的赞美是不合情理或不是他所期望的，那么这个赞美也是失败的。因此，在使用赞美的时候，有以下几个方面需要注意：

（1）赞美要具体、深入、细致

抽象的东西往往很难确定它的范围，难以给人留下深刻印象；而美的东西应该是看得见、摸得着的，这就是具体。如果要称赞某人是个好推销员，可以说："老王有一点非常难得，就是无论给他多少货，只要他肯接，就绝不会延期。"所谓深入、细致，就是在赞美别人的时候，要挖掘对方不太显著的、处在萌芽状态的优点。因为这样更能发掘对方的潜质，增加对方的价值感，赞美所起的作用会更大。

（2）赞美要实事求是、措词恰当

在赞美别人之前，你先要掂量一下，这种赞美有没有事实根据，对方听了是否相信，第三者听了是否不以为然，一旦出现异议，你有无足够的证据来证明自己的赞美是站得住脚的。所以，赞美只能以事实为基础，不能浮夸。

同时，赞美的措词也要恰当。一位母亲这样赞美孩子："你是一个好孩子，有了你，我感到很欣慰。"这种话就很有分寸，不会使孩子骄傲。但如果这位母亲说："你真是一个天才，在我看到的小孩中，没有一个人赶得上你。"那就会使孩子骄傲，把孩子引入歧途。

（3）把赞美用于鼓励

用赞美来鼓励对方，能树立起人的自尊心。要一个人努力把事情干好，首要的是激起他的自尊心。有些人因第一次干某件事情而干得不好，你应该怎样评价他呢？不管他有多大的毛病，你应该说："第一次有这样的成绩就不错了。"对于第一次登台、第一次比赛、第一次文章、第一次……的人来说，你这种赞扬会让人深刻地记一辈子。

（4）借用第三者的口吻赞美他人

有时，我们为了博得他人好感，往往会赞美对方一番。若由自己说出"你看来还那么年轻"这类的话，不免有点恭维奉承之嫌。如果换个方法来说："你真是漂亮，难怪某某一直说你看上去总是那么年轻！"可想而知，对方必然会很高兴，而且没有阿谀之嫌。

因为在一般人的观念中，总认为"第三者"所说的话是比较公正、实在的。此外以"第三者"的口吻来赞美，更能得到对方的好感和信任。

另外，也可以在背后赞美对方。因为如果当面赞扬一个人，有时反而会使他觉得你的赞美很虚假，或者会疑心你不是诚心的。一般来说，无论在大众场合或在个别场合，间接的赞扬都能传达到本人，除了能起到赞扬的鼓舞作用外，还能使对方感到你对他的赞扬是真诚的。

（5）赞美须热情具体

我们会经常看到有人在称赞别人时表现出来的那种漫不经心：“你这篇文章写得蛮好的。”“你这件衣服很好看。”“你的歌唱得不错。”……这种缺乏热诚的空洞的称赞并不能使对方感到高兴，有时甚至会由于你的敷衍而引起对方的反感和不满。

但如果把以上这些话改成：“这篇文章写得好，特别是后面一个问题有新意。”“你这件衣服很好看，这种款式很适合你的年龄。”“你的歌唱得很不错，不熟悉你的人没准还以为你是专业演员哩。”这些话比空洞的赞扬显然更有吸引力。

（6）赞美要适度

适度的赞美会令对方感到欣慰、振奋；过度的恭维、空洞的奉承，或者次数过多，都会令对方感到不舒服，甚至觉得难堪、肉麻，结果令人讨厌，适得其反。

在这里，要指出的是，在用称赞的方式谈话时，请注意：

① 称赞要发自内心、诚恳；

② 称赞要具体，不能太抽象笼统；

③ 称赞要实事求是，不可言过其实：

④ 间接的称赞比直接的称赞来得更有力；

⑤ 称赞的时机要选择得当，不可乱发议论；

⑥ 称赞要适可而止，不可无限拔高；

⑦ 称赞贵在自然，千万不要做作。

⑧ 千万别让赞美帮了倒忙。

4. 使你的“马屁”拍出来时不唐突

虽说人人都喜欢听赞美之词，但也并不是无条件地喜欢一切赞美自己的言论。“拍马屁”若拍得不得法，不仅达不到预期的目的，反而会引起对方的反感。

比如说，有的推销员上顾客家去推销时，只要看见主人是女的，张口就说：“您长得真漂亮！”“您打扮得真好看！”或“您显得真年轻！”像这种一点铺垫都没有的夸奖，太不自然了，碰上脾气好的至多不过说你“神经病”，然后把门关上，要是碰上脾气不好的，她不骂“流氓”才怪呢。

怎样使你的“马屁”拍出来时不唐突呢？有一位推销员是这样做的：

当他敲开一顾客的家门，看见开门的是一位十分年轻的妇女时，便故意装出一副惊慌失措的样子，可怜巴巴地说：“真对不起，小姐，我是个推销儿童游戏卡的推销员，我本来是想找一家有小孩的，没想到打搅您了。”

那少妇有些火了：“我就有孩子。”这位推销员又赶紧装出一副很惊诧的样子，瞪了她半天，才用惊奇的语调说：“啊，啊，请原谅，没想到您已经有了孩子，您是这么年轻、漂亮……真不敢相信。”正如他所预料的那样，那位少妇的脸上有了笑容。

此外，赞美还必须符合事实，倘若对方长相很普通，甚至可以说还有点难看，此时你却夸她有一张漂亮的脸蛋，这样的赞美是收不到任何好的效果的。最好的办法是选中对方最心爱的东西、最引以为豪的东西进行称赞，这样的称赞无论怎样过分，对方都不至于气恼。

赞美是一件好事，但绝不是一件易事。赞美别人时如不审时度势，也会变好事为坏事。

某著名化妆品公司销售代表小李，深谙赞美之道。但是，在他刚刚步入销售人员的行列时，也曾因赞美不得法而得罪了客户。

那天，他拜访一位刘小姐，恰巧刘小姐的一位闺中密友也在，为了争取到更多的客户，给刚刚认识的女士们留下一个好的印象，他决定依靠赞美这一战术来达到打动她们的目的。

出于这样的心理，于是他对刘小姐说：“您的朋友很漂亮。”刘小姐的朋友听了很高兴，走过来跟小李握手，又对他的化妆品问这问那，显得很热情。

小李很得意，认为自己的赞美话术奏效了。事实上也的确如此。但就在此时，小李转过头发现刘小姐一言不发，好像很不高兴的样子，对自己也不再热情。小李心里明白自己对其他人表示赞赏之意而将主人刘小姐忽略，这犯了推销的大忌。小李心里一急，又加了一句话："就是皮肤黑了点。"

这时，杠杆平衡了。但是，结果并不是两个人都对他热情有加，而是都对他冷眼相看，认为这个人怎么这么不会说话。就这样，小李不但失去了两个潜在的客户，而且令自己颜面尽失。

为了避免你的赞语引起误解，不要突然没头没脑地就大放颂辞。你对对方的赞赏应该与你们眼下所谈的话题有所联系。

请留意你在何时以什么事为引子开始称赞对方。对方提及的一个话题，他讲述的一个经历，也可能是他列举的某个数字，或是他向你解释的一种结果，都可以用来作为引子。

所以，在表扬或称赞他人时请谨慎小心，注意你的措辞，尤其要注意以下几条基本原则：

（1）列举对方身上的优点或成绩时，不要举出让听者觉得无足轻重的内容，比如向客户介绍自己的销售员时说他"很和气"或"纪律观念强"之类和推销工作无甚干系的事。

（2）你的赞扬不可暗含对对方缺点的影射。比如这样一句口无遮拦的话："太好了，在一次次半途而废、错误和失败之后，您终于大获成功了一回！"

（3）不能以你曾经不相信对方能取得今日的成绩为由来称赞他。比如："我从来没想到你能做成这件事。"或是"能取得这样的成绩，恐怕连你自己都没想到吧。"

另外，你的赞词不能以对待小孩或晚辈的口吻说出来，比如："小伙子，你做得很棒啊，这可是个了不起的成绩，就这样好好干！"

总之，赞美就像空气清新剂，可以振奋对方的精神，"美化"你身边的气氛，但也必须清楚，再好的清新剂也有过敏以致反感者，更何况人与人之间的关系如此复杂，如果不首先通达人情，不根据所赞对象的心情及当时情境的具体情况而乱赞一通，恐怕真的会马屁拍到马掌上。

5. 附和对方也是一种赞美

韦森先生在没有研究人类关系学之前，他损失了无数应该获得的佣金。韦森是一家服装图样设计公司的推销员，他几乎每星期都去找纽约某位著名的设计师，这样做已经有三年的时间了。然而，每次这位设计师也不拒绝见韦森，而且还总是把韦森带去的图案仔细看一遍，但就是不买。

经过了一百五十次的失败后，韦森觉得自己必是过于墨守成规。所以他决定每星期利用一个晚上的时间，去研究一下人际关系的法则，以帮助自己获得一些新的思想，产生新的热诚。

不久，他决定采用一种新方法。他拿了几张那些设计师们尚未完成的图样，走进那位买主的办公室。这次，他并没有像往常那样请求买主购买这些图案，而是请求设计师提出自己的意见，然后把它完成。设计师把草图留了下来，让韦森三天后去找他。

三天后，韦森又去他那里，听了建议后，把图样拿回去，按照那位买主的意思画完。这笔交易结果如何？不用说这位买主完全接受了。

那是九个月以前的事，自从那笔生意完成后，这位买主又订了十张图样，都完全是照着他的意思画的，韦森就这样赚了一千六百多美元的佣金。

韦森过去失败的原因——总是强迫设计师买他认为对方需要的图样。可是现在韦森所做的，跟过去完全不一样了。韦森请设计师提出他自己的意见，使设计师觉得那些图样是自己设计的。现在韦森不用去求他买，他自己就会来韦森这买。

遵照设计师的意见办事，别人怎么说就怎么做，这也是一种赞美方式。听从他人的意见，无形当中就制造了“你很好，你的意见都是对的。你说什么我随声附和就是了”的效果。仔细领会一下，你就会发现，在使用这样的方法时，被附和的一方总会产生被尊重、被崇拜的感觉，在效果上，同直接赞美是一样的。

在饭店里，我们经常会听见服务员这样说：“先生，您可真会选，这是我们店里最好的葡萄酒，对那些精于品评美酒的人是再合适不过了。是的，有一点儿贵，不过我想你会喜欢的。你愿意再来一瓶吗？”

这样赞美我们的成熟品位和鉴赏力，我们怎能拒绝？而且价格因素增加了葡萄酒的诱惑力，我们通过向周围人显示有能力消费生活中的奢侈品而使自己的能力表现需求得到了满足。

在销售人员同顾客的交流过程中，附和对方起着举足轻重的作用，因为附和就意味着同意对方的观点，这种在心理学上称为“承认”。当你承认对方的观点是正确的时候，那么在对方的心里就会对你产生一种认同感，从而拉近双方的距离。

威廉·詹姆士曾经明确地指出：“人性中最殷切的需求，就是渴望肯定和受到赞扬。”

大作家马克·吐温也曾幽默地感慨：“一句美好的赞扬，能使我快活上两个月。”

我国清朝有一部叫《一笑》的书，里面记载了这样一则笑话：

古时有一个说客，当众夸口说：“小人虽不才，但极能奉承。平生有一愿，要将1000顶高帽子戴给我最先遇到的1000个人，现在已送出了999顶，只剩下最后一顶了。”一长者听后摇头说道：“我偏不信，你那最后一顶用什么方法也戴不到我的头上。”说客一听，忙拱手道：“先生说的极是，不才从南到北，闯了大半辈子，但像先生这样秉性刚直、不喜奉承的人，委实没有！”长者顿时手持胡须，洋洋自得地说：“你真算得上是了解我的人啊！”听了这话，那位说客立即哈哈大笑，说：“恭喜恭喜，我这最后一顶帽子刚刚送给先生你了。”

这虽然只是一则笑话，但它却有深刻的寓意。说客能够成功地送出最后一顶高帽子，究其原因，在于他懂得随声附和。在附和的同时，得到了长者的认同，最后终于达到了自己的目的。之所以如此，最主要的原因便在于赞美他人能满足他们的自我。如果你能以诚挚的敬意和真心实意的赞扬满足一个人的自我，那么任何一个人都可能会变得更令人愉快、更通情达理、更乐于协力合作。

老王自从政以来官运亨通，一步步青云直上。很多人对此感到奇怪，因为老王从政这么多年来，并没有做出令人瞩目的成就来，也并没有为广大百姓谋得多少福利，更没有见他有哪个能人当后台，他是怎样一步步地爬到今天的位置上的呢？

原来老王的成功之道就在于他擅长随声附和，人称“好好先生”。哪个领导发言，老王肯定一连三声“好、好、好”；哪个领导提出意见，老王肯定也是“好、好、好”。谁会不喜欢赞同自己观点的人呢？只有赞同自己的观点，才意味着赞同了自己这个人，因此，几乎所有的上级视察都喜欢让老王陪同，久而久之，老王也依靠这几句“好、好、好”成为了各位领导的红人，升官进爵就成了理所当然的事了。

将这个道理应用到销售方面，也能收到异曲同工的效果。例如，如果顾客说：“这件衣服的颜色很特别。”聪明的销售人员应该说：“对对对，你的眼光真是不错，今年就流行这种颜色。”这时，顾客就会心里喜滋滋的，因为自己的观点得到了认同，同时自己又被认为是“比较有眼光的人”，也就不太可能放下一件“有眼光的人”认为“比较好”的衣服了。

人总是喜欢被赞美的，随声附和也是一种赞美的方法，这可能是很多销售人员没有注意到的。抓住这一点，赞美的诀窍也就不再显得那么难以掌握了。在现实生活中，多数人爱听附和的话。你附和别人的观点，如果恰到好处，他肯定会高兴，并对你有好感。

不少人说自己对人云亦云很反感，愿意接受批评。一旦你信以为真，毫不客气地对他批评，他表面上虽然不一定有所表示，但内心多半是不高兴的。实际上，真正能做到“人告之以有过则喜”的人，是很少的。适当地运用赞美的方法，投对方所好，可以收到意想不到的效果。

6. 要想使你的赞美达到好的效果，不流于庸俗

杰克刚刚进入推销行业不久，还是一个处于学习阶段的学生。

一天，一位推销行业的前辈带他去进行上门推销，希望他能够在实际工作

中尽快地学到一些经验。

杰克十分崇拜这位前辈，对前辈的一言一行也都仔细观察，用心记忆。一天，他发现前辈一见到约见的客户，就笑容满面地说："我听说您最近又做了不少善事，真是心地善良的人啊，那些穷苦的人能够遇见您，真是他们的一种幸运。"

本来是一脸严肃的客户听见这句话，立即喜笑颜开地说："哪里哪里，这是应该的。"

于是下面洽谈的气氛变得融洽许多，遭到几次拒绝的生意现在也谈成了。杰克仔细分析，认为是前辈的那句赞扬的话起到了关键的作用，于是勤奋好学的他将这句话记到了本子上。

老师终于同意让杰克独立去完成任务了。他的第一个客户是一个玩具商，在见到这位客户之前，杰克作了大量的准备，包括如何将寒暄引入正题、如何说服客户。在自认为准备得十分充分之后，他敲响了玩具商的门。

杰克见到玩具商一脸严肃，决定先缓和一下气氛，于是他故作兴奋地说："我听说您最近又做了不少善事，真是心地善良的人啊，那些穷苦的人能够遇见您，真是他们的一种幸运。"

玩具商听了这些赞扬后目瞪口呆，心想："我最近根本没做任何善事，这位推销员肯定是记错人了，我不能允许一个不重视我的人在我的办公室里。"于是玩具商说："先生，恐怕你是认错人了，我很忙，请回吧！"

就这样，杰克还没有开口谈正事，就被拒绝了。

这说明了一个道理：赞美一定要建立在真实的基础之上，尽管人人都希望被赞美，但当赞美一些不符合现实的东西的时候，被赞美的人往往会产生"他说的是我吗？"的想法，同时，也会得出"这是一个虚伪的人，他所说的话不值得信任，他的商品更不值得信任"的结论。一旦客户得出这样的结论，那么你再如何能言善道，也将是徒劳。

用赞美架通桥梁，让客户产生优越感。赞美别人也是一种美德，但最好不要说违心话。当你认为这样赞美最恰当时，那就赞美他几句，这就是所谓的极好的赞美时机。只要你的赞美有根据、发自内心，对方的自尊心被你所承认，那他一定会非常高兴。

有些销售人员可能会在夸奖内容方面有些为难，会有“我到底该赞美他哪一个方面呢？”等这类问题。

经过分类，进行有效夸奖的手法有三种。

（1）夸奖对方所做的事。如：“您发表了很多销售管理方面的文章，我都拜读过，真是我们销售员的圣经。”

（2）夸奖后紧接着询问。如：“您真是又漂亮又时尚，您看这台笔记本又轻又薄，非常适合您的形象和气质。”

（3）代表第三者表达夸奖之意。如：“我们总经理要我感谢您对本公司多年来的照顾。”

杰克公司承包了一项建筑工程，预定于一个特定日期之前，在费城建立一幢庞大的办公大厦。一切都照原定计划进行得很顺利。大厦接近完工阶段，突然，负责供应大厦内部装饰用的铜器的承包商宣称，他无法如期交货。如果真是这样的话，整幢大厦都不能如期交工，公司将承受巨额罚金。

长途电话、争执、不愉快的会谈，全都没效果。于是杰克先生奉命前往纽约，当面说服铜器承包商。

“你知道吗？在布鲁克林区，有你这个姓名的，只有你一个人。”杰克先生走进那家公司董事长的办公室之后，立刻就这么说。

董事长有点吃惊，说：“不，我并不知道。”

“哦，”杰克先生说，“今天早上，我下了火车之后，就查阅电话簿找你的地址，在布鲁克林的电话簿上，有你这个姓的，只有你一人。”

“我一直不知道。”董事长说。他很有兴趣地查阅电话簿。“嗯，这是一个很不平常的姓，”他骄傲地说，“我这个家族从荷兰移居纽约，几乎有二百年了。”一连好几分钟，他继续说到他的家族及祖先。当他说完之后，杰克先生就恭维他拥有一家很大的工厂，杰克先生说他以前也拜访过许多同一性质的工厂，但跟他这家工厂比起来就差得太多了。“我从未见过这么干净整洁的铜器工厂。”杰克先生如此说。

“我花了一生的心血建立这个事业，”董事长说，“我对它感到十分骄傲。你愿不愿意到工厂各处去参观一下？”

在参观过程中，杰克先生恭维他的组织制度健全，并告诉他为什么他的工厂看起来比其他的竞争者高级，以及好在什么地方。杰克先生还对一些不寻常的机器表示赞赏，这位董事长就宣称是他发明的。他花了不少时间。向杰克先生说明那些机器如何操作，以及它们的工作效率多么良好。他坚持请杰克先生吃中饭。到这时为止，你一定注意到，杰克先生一句也没有提到此次访问的真正目的。

吃完中饭后，董事长说：“现在，我们谈谈正事吧。自然，我知道你这次来的目的。我没有想到我们的相会竟是如此愉快。你可以带着我的保证回到费城去，我保证你们所有的材料都将如期运到，即使其他的生意会因此延误也不在乎。”

杰克先生甚至未开口要求，就得到了他想要的所有的东西。那些器材及时赶到，大厦就在契约期限届满的那一天完工了。

建立在真实基础之上的赞美才能够被人信服和接受。真实与否是区分真心赞美和阿谀奉承的关键，要想使你的赞美达到好的效果，不流于庸俗，就要谨记：真实的，才是人们喜欢的。世间万物都是如此。

7. 赞美的话需要有新意，挠痒也得挠到恰到好处

陈词滥调或者不着边际的赞美只会惹人生厌，赞美的直接目的是让对方高兴，如果你不想做一个毫无特色的销售人员的话，赞美的话也得有新意才行。

某高档西装的广告部负责人洋洋曾经历过这样的事情：

经过几次的电话预约，一位商界奇才终于答应同洋洋见面。洋洋很珍惜这次机会，因为她的目的是让此人成为她们服装品牌的代言人。在一般情况下，商界人士是不屑于为其他人做广告的，“我又不是明星，那些出风头的事找别人去做吧！”这是他们的观点。为了在短暂有限的时间内说服这位商界奇才，

洋洋制订了详细的计划。她的计划是：想办法先赢得他的好感，然后努力延长对话的时间，这样才有可能成功。

见到了久负盛名的张先生后，洋洋打过招呼，然后微笑着说："您好，我仔细阅读了您的成功经历，您真是一个商界奇才啊！"

张先生显得波澜不惊，说："啊，真是奇怪，现在每一个人见到我都这样说。其实，我并不那样认为，这也是我给每一个人的回答。"

"不，不。您太谦虚了，中国像您这样的人物真的太少了。"洋洋唯恐张先生不高兴，赶紧又说。

"洋洋小姐，如果你是来跟我说这些话，那么你可以走了。因为这些话对我没有任何意义，如果我想听这样的话，随便拉一个人进来可能都比你说得好。如果你没有其他的事情了，请不要浪费大家的时间。请原谅我的直白，因为时间对我来说实在是太宝贵了。很抱歉。"

洋洋动了动嘴唇，什么话都没有说出来。

遇到这样的情况，是洋洋始料不及的。她没有想到自己的好心赞美却得来这样的结果，真正的来意还没有说出，就被下了逐客令。问题出在哪了呢？问题就在于洋洋的赞美太过于普通，甚至让人觉得听这样的赞美就等于在浪费时间。

有位成功的推销员说过，在她的推销生涯中，遇到过这样一位客户：他听到别人称赞他特别的胡须时便大为高兴，但对于那些他对社会所做出的巨大贡献和有关他成就的赞誉，他却不放在心上，让人颇觉怪异。这样的顾客，仿佛很难把握他们的心理。

事实上，这种心理是每个人都有的。大概已经有无数的人在他面前称赞了这位成功人士在商场上的英勇善战及富于谋略的经商才干，但是，他作为一个商人，不论在这方面怎样赞美他，也只是赞歌中的同一支曲子，不会使他产生自豪感。

然而，如果你对他经商才能之外的方面加以赞赏，就等于在赞词中增加了新的条目，他便会感到无比的快乐和满足，认为自己除了那些之外，还有更加令人着迷的东西。可见，在恭维他人时，捧出新鲜的内容是多么的重要。

钱钟书先生的称赞也像他的《围城》一样充满智慧的创意，给人以新鲜而受用的感觉。

有一年冬天，他访问日本，在早稻田大学文学教授座谈会上即席作了《诗可以怨》的演讲。他的开场白是："到日本来讲学，是很大胆的举动，就算一个中国学者来讲他的本国学问，他虽然不必通身是胆，也得有斗大的胆。理由很明白简单，日本对中国文化各方面的卓越研究，是世界公认的；通晓日语的中国学者也满心钦佩和虚心采用你们的成果，深知要讲一些值得向各位请教的新鲜东西，实在不是轻易的事。我是日语的文盲，面对着贵国汉学或支那学的丰富宝库，就像一个既不懂号码锁又没有开撬工具的穷光棍，瞧着大保险箱，只好眼睁睁地发愣。但是，盲目无知往往是勇气的源泉。"

在开场白中，钱钟书先生表示对日本汉学研究中国人不敢等闲视之，即使是中国专家在日本讲中国学问，也要对听众的水平作最充分的估计；而后段表示自己不通晓日语，除了有勇气之外，没什么资本。殊不知，钱先生正是以这种有意识的自嘲式的赞扬，使在座的所有日本听众既感动又受用。

泛泛的流于普通的赞美方式已被大家所熟悉，人们也越来越认识到赞美所能带来的种种好处，那些平常的人人都会的赞美已不能达到预期的效果，赞美还要注意讲究适当的方式，有创意的不同于众人的赞美方式会更容易被人所接受。

《魏郑公续录》一书中，曾记载了长孙皇后与唐太宗的故事。一天，唐太宗满脸怒气地罢朝回内宫，贤慧的长孙皇后忙问其故。唐太宗开口就大骂："我总有一天要杀了这老不死的！"

"陛下，您要杀谁呢？"长孙皇后不胜惊奇。

"杀谁？还不是那姓魏的老家伙吗？什么事都要他多嘴，好像偏他骨头硬，在金殿上总是和我过不去！不杀他不解我心头之恨！"唐太宗的火气委实不小。

听完唐太宗的话，长孙皇后不禁抽了一口冷气，心想："皇上听不进忠言直谏。竟要杀魏征！"

怎么办？长孙皇后急中生智，第二天趁皇上早朝，她穿上朝服，来到金銮殿。按当时的礼仪，皇后穿上朝服，意味着受册、朝会等重大典礼。唐太宗一见，大惑不解，忙问其故。

“陛下，臣妾特来贺喜！”长孙皇后说。

“何喜之有？”唐太宗更感奇怪。

“陛下，臣妾听说皇上圣明，臣子才会真诚。现今魏征如此真诚，敢于忠言直谏，这是皇上圣明的缘故啊！臣妾怎敢不来道贺！”

长孙皇后的话，说得唐太宗高兴起来，心里也亮堂了，终于打消了要杀魏征的念头。

封建帝王，位尊至极，触动一下往往会龙颜大怒。即使是常常告诫大臣们忠言直谏的开明君主李世民，遇到为政事与著名谏臣魏征发生争执的情形，也会生气发火，这一次竟然还暗含杀机！如何扭转这一局面？机敏的长孙皇后利用自己的特殊身份，身着朝服肯定并赞扬了唐太宗是圣明的君主，而魏征的忠言直谏则是太宗圣明的结果。这句美誉给唐太宗极大的精神满足，因为主明臣直正是唐太宗所追求的开明政治，所以说得唐太宗转怒为喜。

赞美的力量是巨大的，有创意的赞美甚至可以为自己洗脱罪责，免受处分。下面我们来看一个聪明的女子是如何通过赞美使自己摆脱困境的。

古时候，一个叫彭玉麟的官员，有一次路过一条狭窄的小巷。一个女子正在用竹竿晾晒衣服，一不小心竹竿掉下，正好打在彭的头上。彭勃然大怒，指着女子大骂起来。

那女子一看，正是官员彭玉麟，不禁冒了冷汗出来。但她猛然间急中生智，便正色地说：“你这副腔调，像行伍里的人，所以这样蛮横无礼。你可知彭宫保就在我们此地！他清廉正直，假使我去告诉他老人家，怕要砍了你的脑袋呢！”

彭玉麟一听这女子夸赞自己，不禁喜气上升，而且又意识到自己的失态，马上心平气和地走了。

晒衣女失手掉下竹竿，正打在路过的当地官员彭玉麟头上，可谓无意却巧极。于是，这位官员大怒而骂，所幸晒衣女尚能认识他，而且能够急中生智，采用美誉推崇的方式来遏制对方。她装作不知道对方是谁反而斥责对方蛮横无礼，并且夸赞彭宫保清廉正直，说向他告状会治你的罪。这并非“当面”夸赞，却胜过当面夸赞，说得彭玉麟心里美滋滋的：自己在民间居然有这么好的吏治声誉，真不应该为这些许小事而损害形象。幡然醒悟之后，便转怒为笑，心平气和地离开了。

第八章

销售要有战略和战术

销售是个技术活儿，是需要你用你的智慧去完成它的。话该怎么说，怎么有策略得说，怎么说才能达到目的，这些都是销售员每天都需要面对的问题。

1. 要说服对方，首先就是要避免争辩

得到这个“是”字的反应，本来是个极简单的方法，可是却常被人们忽略了。在大多数时候，人们喜欢通过争辩来说服一个人。但是，争辩的结果是，任凭你争得面红耳赤，往往只会激怒对方，却不能说服他。

事实上，争辩不是个好办法。要说服对方，首先就是要避免争辩。

林肯无疑是此道高手，他往往能很轻易地说服对手。他的办法是：“在我们开始辩论的时候，首先要找出一个双方赞成的共同立场，这就是获得胜利最好的方法。”

还有一个推销员爱力逊的故事：

在我负责的推销区域内，住着一位有钱的大企业家。我们公司极想卖给他一批货物，过去那位推销员几乎花了10年的时间，却始终没有谈成一笔交易。我接管这一地区后，花了3年时间去兜揽他的生意，可是也没有什么结果。

经过13次不断的访问和会谈后，对方只买了几台发动机，可是我希望——如果这次买卖做成，发动机没有毛病的话，以后他会买我几百台发动机的。

发动机会不会发生故障？我知道这些发动机是不会有任何故障的。过了些时候，我去拜访他。我原来心里很高兴，可是我似乎高兴得太早了点儿，那位负责的工程师见到我就说：“爱力逊，我们不能再多买你的发动机了。”

我心头一震，就问：“什么原因？难道我们的发动机有什么问题吗？”

那位工程师说：“你卖给我们的发动机太热，热得我的手都不能放在上面。”

很显然。他是在找借口，还是不想买我们的发动机。只要有一点常识的人都知道：要将手放在正在运行的发动机上，根本就是不可能的。

我知道如果跟他争辩，是不会有任何好处的，过去就有这样的情形，现在，我想运用让他说出“是”字的办法。

我向那位工程师说：“史密斯先生，你所说的我完全同意：如果那发动机发热过高，我希望你就别买了。你所需要的发动机，当然不希望它的热度超出电工协会所定的标准，是不是？”他完全同意，我获得他的第一个“是”字。

我又说：“电工协会规定，一台标准的发动机，可以较室内温度高出华氏72度，是不是？”

他说：“是的，可是你的发动机却比这温度高。”

我没和他争辩，我只问：“工厂温度是多少？”

他想了想，说：“嗯——大约华氏75度。”

我说：“这就是了。工厂温度是华氏75度，再加上应有的华氏72度，一共是华氏147度。如果你把手放在华氏147度的物体上，是不是会把手烫伤？”

他还是说“是”。

我向他作这样一个建议：“史密斯先生，你别用手碰发动机，那不就行了！”

他接受了这个建议，说：“我想你说得对。”

我们谈了一阵后，他把秘书叫来，为下个月订了差不多3万元的货物。

爱力逊费了几年的时间，一直进展不大，最后才知道争辩并不是一个聪明的办法。应该充分了解对方的想法，设法让对方回答“是”，那才是一套成功的办法。

2.30秒注意力原理，你需要不断地有新东西

在说服式销售中，沟通不在于你说什么，而在于你怎么说，并让客户感觉到了什么。

说服是一门艺术，沟通表达更要讲技巧，不同的语言会产生不同的效果，这就是高手和普通人的区别。引起客户的兴趣是所有销售的开始，再好的产品，如果客户不感兴趣也卖不掉，更何况现在同类产品的厂家众多。

要想赢得客户的青睐和信任，首先你必须要让对方注意你及你的产品并产生兴趣。为了达到这个目的，在与客户沟通之前，你要问自己下列问题，并分别用一句话来回答：

· 我要说什么？
· 我的策略依据是什么？
· 我要表达的中心是什么？
· 哪一种表达方式最有可能达成目的？
· 我能否充分论证这一表述？
· 是否还有其他与此相适应或相关联的必要表述？
· 这一表述是否与我的客户的需要和兴趣相关？

要揣摩客户的心理，客户没有时间反复和你讨论过程，他只关心结果；客户没有时间反复和你交流沟通，他只关心自己的利益和好处。麦肯锡公司要求每一位咨询顾问要在30秒之内，说明自己的意图并将其方案推销给客户，你能做到吗？

“为什么有人会比自己成功十倍，收入多百倍乃至万倍，难道真是他们比自己聪明那么多倍，运气好那么多倍吗？显然不是。那么，你想不想知道他们是如何做到的？”这是世界行销大师杰·亚伯拉罕为一家国际训练机构作课程推介时所写的广告名言。当你看到这段话时，你是不是至少有兴趣翻看这份快讯商品广告，看看后面的资料，看看里面说的是什么秘诀和方法。

缺少变化的语言会使场面显得呆板而沉闷，而你所说的一切也将变得枯燥乏味和苍白无力，因此你也不会受到客户的青睐。如果你有很多建议，就应选择富于变化的语言来表述，因为变化能为你的发言增加情趣。

人们在一定的语意流中只能捕捉到有限的信息量。这就意味着，即使客户有时间听你讲话，他也不可能把你说的话完全吸收进去。因为听众的持续注意力只有30秒。环视你的房间，把注意力集中在一盏灯上。不出30秒，你的注意力就会转移到其他的东西上。假使这盏灯可以跳动或者发出声音，也许能重新引起你的注意。但是在静止不动或没有任何变化的情况下，它就无法继续吸引你，你会失去对它的关注。

这种规律被广泛运用于广播和电视广告当中，很多电视或广播广告，其节目长度都是30秒，这就是“30秒注意力原理”。

一个人听你说话的注意力持续时间是30秒，这也意味着如果你想让他一直保持兴趣和注意的话，那么每隔30秒你就要有些变化。

如果你想吸引客户的兴趣，那你自己必须变得很有趣。

它能激发顾客的想像力，增加你的吸引力，这是说服销售过程中必不可少的。在你刚开始试着让自己的语言和动作有所变化时，你可能会觉得有些不自然，但只要你勤学多练，一定会大大提升你的语言影响力。

记住，顶尖的销售高手是能不断变换手段的变色龙。

3．摆事实讲道理的同时，你需要不断地暗示

说服不是一个单纯的心理过程，在说服进行中，需要配合一定的语言暗示来进行。这些语言会不自觉地在被说服者的心中产生影响力，在被说服者的意识中留下印记。说服中运用合适的语言不仅使得说服的效果更为显著，也能强化被说服者对说服过程的信任和接受。

语言的魅力是我们难以估量的，有时一句简单的话、一个轻柔的语气都可能给人带来无法形容的力量。恰到好处的语言运用，会给人的生活增添动力，而一些不合适的语言则有可能会影响到人的心境以及对生活的态度。强有力的语言不一定是华丽的词汇，有时，平常而又简单的语言依然可以带来不同凡响的影响。

受暗示性是人的心理特性，它是人在漫长的进化过程中形成的一种无意识的自我保护能力，它是人的一种本能。人们为了追求成功和逃避痛苦，会不自觉地使用各种暗示的方法，比如困难临头时，人们会安慰自己或他人：“快

过去了，快过去了。”从而减少忍耐的痛苦。人们在追求成功时，常常会鼓励自己说：“坚持一下，我一定可以的。”这些简单的语言都给了人们强烈的暗示，让人们在无形中有了强大的抵抗困难或勇于进取的动力。

在读书求学的过程中，我们会常常面临学习的困难和打击，当自己感到无助的时候，如果老师这个时候给我们一点鼓励的话，我们失落的心就会重见光明，重新激发出进取的信心；在小时候，当受到伤害感到委屈的时候，如果妈妈说上一句“孩子，不要担心，妈妈会陪你去解决”之类的话，立刻会给我们受创的心灵增添温暖；在陌生的地方，陌生人一句问候的话，也会让我们找到些许家的感觉。这些在平常看来很一般的语言，在特定的场合下却能带来不一样的作用。

其实，暗示语言的神奇力量在于，它是通过给人施加一定的激励，来增加人心灵的力量，唤起人们潜在的欲望。

在许多情况下，我们都可以感受到来自语言的暗示，比如，广告语对顾客的暗示作用，有时，我们可能记不住这个广告的影像，但却会因为一些很有说服力的广告语而对该产品产生极大的兴趣，这是一种无意识的行为，是语言暗示的结果。一遍遍的宣传在人的潜意识中积累下来，当人们购物时，人的意识就受到潜意识中这些广告信息的影响，左右人的购买倾向，让人自觉不自觉地去购买这个产品。

在说服的过程中，一些词语的应用相当有技巧。经常使用刺激消费的用语，会让你的销售业绩成倍增长。比如“当你使用它的时候……”，这句话具有暗示的效果，具有说服的作用。向客户的潜意识里灌输他已经购买了这个产品，你现在是在教他怎样使用产品，而不是说服他购买。当客户在潜意识里认可了这个产品，就会激起对产品的占有欲，从而产生购买的欲望。

不同的词语是具有不同的暗示作用的，有些词语可以帮助你对客户进行说服。

和客户沟通要习惯说“当”，而不要说“如果”或“假如”。比如“当你使用这台笔记本电脑的时候，它会大大提高你的办事效率，并给你带来最好的效果，我敢肯定你一定会非常喜欢并乐于使用它”。这样能激起客户的占有欲，并引起兴趣。而如果你说“假如你有这样一台笔记本电脑，你使用起来会非常方便”，这样的语言会使客户感觉——我也许会拥有它，也许不会。

成交高手喜欢用“我们来……”句型刺激客户的购买欲望。因为这样会营造一种合作的气氛，表示“你”和“我”是同一阵线的，而不是相互对立的。如果你说“我们来做某某事”，客户就不会产生压力，甚至会认为这就是双方的共识。

例如对客户说“我们来看看，当你今天购买产品时，你能得到哪些额外的优惠”，就远比平铺直叙地说“你今天购买产品，一定物超所值”好听多了。其实两种说法的内容是一样的，但是“我们来……”句型让客户更容易接受。

以“我们现在要向你证明，这种服务‘如何’为你节省更多的钱”作为开场白，绝对优于“采用我们的服务，绝对可以帮你省钱”。因为“如何”一词引起了客户的好奇心，是开启客户心灵的一把钥匙。“想不想看看某种东西‘如何’运作？”相信任何人都会感到好奇，忍不住靠向前去听听人家还要说什么。

去翻翻销路最好的流行杂志，数数上面的标题用了几个“如何”。再观察其中的广告和文章，算算有多少“最新”和“即可”，因为大家都喜欢“最新”的方式，享受“即可”的满足。因此，建议你在销售过程中，常用这些词汇。

一般人会对“你认为”起头的问句感到有些犹豫，但是一旦他们有答案时，他们会比较坚定地维护自己的立场。

“感觉”是个很温和的字，“认为”比较强硬，而“依你之见”则是最肯定的。当你问：“依你之见，这是不是能够解决你的问题的最佳选择？”你就是在请这位客户说出最确定的立场。假如回答是肯定的，他可能就会决定买。也有些话语会勾起客户对过去购买某样东西的恐惧的回忆，这些词语我们就要尽量避免使用。

当你问一个人：“你对于那东西的感觉如何？”这是一个很容易回答的问题。如果你问别人的感觉，他们没办法表达自己的感受。当你问一位客户：“你对目前生意状况的感觉如何？”或“你对最近一次选举的感觉如何？”你的问句是完全中立的，且绝对不会得到一个非常情绪性的反应。

说服式词语能够鼓舞客户、吸引客户，更能够娱乐客户，引导客户点头称是。只要平时多加练习，一定会让你的说服力大增，进而大幅提升你的销售业绩。

说服的“风格”总是比“技巧”更重要，而经过千锤百炼的说服式词语，正是营造这种“风格”的关键，同时也更能够凸显促进成交的威力。所以，平时要养成收集各种词汇的习惯，这就是精通表达技巧的第一步。很多词语都能够表达强烈的言外之意，这些词语都是一些具有说服性的词语。在销售时使用这些具有关键意义的充满感情色彩的词语，会增加感染力，有助于调动客户的情绪，促进成交。

4. 想方设法让顾客说“是”

一天，一位购买生产机器发动机的顾客到王总的公司来投诉，销售员老马接待了他。顾客说：“你们这发动机也太烫了点吧，连碰都不能碰一下，看看吧，我的手都被烫红了！”老马好言相劝一番，最后跟着这位顾客到他的工厂去探究一番。老马看过后说：“既然是这样，我们不能再要求您继续再订购我们公司的产品了，您应该选购一些按照质量监督局所订的热度标准的发动机，以免给您造成身体和财产的损失！”

“YES！”

“根据质量监督局的标准，发动机的温度可高过室温达华氏72度。是这样吧？”

“YES！”

“那您的工厂的室温是多少？”

“75度左右吧！”

“75度加上72度等于147度（63.9摄氏度）！您看看，温度这么高的水，手放进去，超人也会烫伤的，对不对？”

“YES！”

“好啦，请您以后使用发动机时注意一下，千万不要用手直接去碰触发动机，否则难免会烫伤您。你看我说得对吗？”

"YES！"

顾客在老马有理有据、"步步逼近"的策略下不断地说"YES"，最终决定仍然继续订购他们公司的产品。

心理专家认为：人在说NO以表达拒绝时，全身的肌肉、神经、内分泌腺都会感觉到紧张，影响到心理，态度自然会变得僵硬起来。但是，在说YES的时候，身体机能和心理反应却是放松的，一方面会积极地接受外界事物，另一方面心情也会变得好起来。销售人员想打破客户的心理防线，想要客户消除警戒心，能听你说话，最好是诱导他说"YES"！

如果你去和客户傻乎乎地说什么"你不必对我有戒心""我所说的绝对错不了"，不仅达不到缓解客户戒备心的目的，很可能还会起到反作用。为什么？因为对方的深层心理已经被你无情地揭露了出来，所以客户只好把自己的心理障壁再加厚一些以应对你"赤裸裸的挑战"，防止被你再次突破！

美国的女精神分析医师来希蔓主张：在心理治疗中，最重要的不是去跟患者说，而是多听患者说，听得多了自然能够掌握对方的心思，进而和对方产生共鸣。销售心理术的原理正在于此。

但是，也不能一味地保持缄默，沉默往往是消极的，你老不说话就会让客户感觉自己好像面对着一堵墙在自言自语。因此，我们不仅要会听，还要会说，说话的目的是要鼓励客户打开心扉，说出心中真实的感觉，必须让对方知道我们很在乎他。很简单，几个小动作就能帮你实现：点头表示同意，叹息表示关心，微笑表示赞赏……

销售人员要牢记：开始的时候，不管你同意不同意客户的说法，你都要表示同意，即使他说得很不靠谱，你也得全盘接受，这是心理学上一项很重要的方法！

销售高手们在交流的时候曾谈到这样一个问题：原则上，一个推销员的成功率说服占20％，沉默占80％！不知道喜欢大说特说的销售员们看到这样的比例会作何感想……实际上，销售高手们在客户面前都在尽量控制自己说话的欲望，多听顾客的心声，待顾客畅所欲言之后，再加以有力地"回击"，让顾客不停地跟你说"YES"！

5. 说能说的话，不能说的坚决不说

从销售心理学来讲，总是质疑客户的理解力，客户必定会产生不满，会让客户感觉得不到最起码的尊重，进而产生逆反心理，这样的谈话可以说是销售中的一大忌！

除了上述销售人员需要谨记的说话方式，还有一些话是销售人员打死也不能说的！你知道是哪些话吗？接下来就告诉你。

不说主观性的议题

在商言商，销售人员最好不要和客户说一些与你的推销无关的话题，要说就说那些“今天的太阳好大”之类的话。最好不要去参与什么政治、宗教等涉及主观意识的话题，你说得对也好，错也好，这些对你的销售没有任何实质意义！

一些新人由于刚入行不长时间，经验不足，难免会出现跟着客户一起议论主观性的议题的时候。争得面红脖子粗，貌似“占了上风”，但是可惜啊，一笔业务也就这么告吹了！这样争吵有什么意义呢？有经验的老推销员，开始会随着客户的观点展开一些议论，但是会在争论中将话题引向推销的产品上。对与销售无关的东西，销售人员要全部放下，尽量杜绝，闭口不谈，因为主观性的议题对我们的销售没有任何好处！

不说夸大不实之词

不要夸大产品的功能！因为客户在以后的日子里，终究会明白你所说的话是真是假。销售人员不能为了一时的销售业绩而去夸大产品的功能和价值，这样的结果就像一颗“定时炸弹”，一旦爆炸，后果将不堪设想！

任何产品都存在着不足的一面，销售员要客观清晰地帮助客户分析自己产品的优势和劣势，帮助客户熟悉产品和市场，让客户心服口服。要知道，任何的欺骗和谎言都是销售的天敌！

不谈隐私问题

我们要体会客户的心理，而不是去了解客户的隐私，更不是把自己的隐私作为和客户谈话的谈资！大谈隐私也是很多推销员常犯的一个错误，“我谈的都是自己的隐私问题，这有什么关系？”错！就算你只谈自己的隐私，把你

的婚姻、生活、财务等和盘托出，这些对你的销售有什么实质性的意义吗？没有！这种“八卦式”的谈论毫无意义，浪费时间，更浪费你推销的商机！

少问质疑性话题

在和客户谈话的时候，你是不是会不断地问客户一些诸如“你懂吗”“你知道吗”“你明白我的意思吗”这些问题？

如果你担心客户听不懂你说话，不断地以一种老师的口吻质疑他们的话，客户肯定会反感。从销售心理学来讲，总是质疑客户的理解力，客户必定会产生不满，会让客户感觉得不到最起码的尊重，进而产生逆反心理，这样的谈话可以说是销售中的一大忌！

如果你实在担心客户不太明白你的讲解，不妨用试探的口吻去了解对方：“您有没有需要我再详细说明的地方？”这样说，会让客户更好地接受你。给推销员们一个忠告：不要把客户当成傻瓜，客户往往比我们聪明，不要用我们的盲点去随意取代他们的优点！

回避不雅之言

每个人都希望和那些有涵养、有水平的人相处，不愿意和那些“粗口成章”或者“出口成脏”的人交往。在我们的销售中，销售人员千万不能讲那些不雅之言，不雅的话对我们的销售必然会带来负面影响！

比如，你是个寿险推销人员，你和客户谈话的时候，最好回避诸如“死亡”“没命了”“完蛋了”之类的词语。那些有经验的推销员，对这些不雅之言往往会以委婉的话来替代这些比较敏感的词，如“丧失生命”“出门不再回来”等。不雅之言，人们不爱听，销售人员的个人形象也会大打折扣，这是销售过程中必须避免的话！我们一定要注意，也许优雅的谈吐会让你走上成功的捷径！

6. 说多说少说深说浅的智慧

日本有一家关西药房，这家药房的老板人缘极好，不管是什么话，只要从他嘴里说出来，总是那么动听，因而生意兴隆。每当顾客一上门，他就马上起身相迎，客气地打恭作揖说“欢迎光临”，使进店来的顾客感到心情愉悦，产生被人重视的满足感。接下来，药房老板对于年纪大的人就说“你看起来真年轻”；对于爱美、喜欢打扮的小姐、太太说些“你身上穿的这套衣服很漂亮”之类令人听了舒坦又温馨的话。

有个推销员在一位姓张的顾客家里展示了一套炊具的功能。因为是在他们家中，推销员有机会看到他们的橱柜正缺乏他所推销的这种炊具。推销员自然认为这个顾客家需要一套炊具。然而他足足花费了两个小时，仍未达成交易。张太太不断地说：“没有钱，太贵了，买不起！”

可是，当推销员无意中提及细瓷器的时候，张太太的眼睛就闪出了亮光。

张太太：“你有细瓷器吗？”

推销员：“巧得很，我们正备有世界上质地最好的细瓷器！”

张太太：“你带着没有？”

推销员：“你真走运！”

几分钟后，推销员带着一份瓷器定单离开了张家，金额比他曾试图兜售的炊具要高得多。

事实上，推销员并没有作过兜售，他所做的，不过是顺着顾客的欲念，选出她比较喜欢的式样，并且商定付款办法而已。

在商战中，如果想使自已的产品卖出好价钱，知道对方是个心烦气躁的人，用什么方法最容易使人就范呢？

试看这组话语：

“这个东西你不会买的，它太贵了！”

“看你这身装束和打扮，就不该买这个东西。”

“算了，别看了，老半天还看不够，没带钱就算了。”

“不是我小看你，你压根儿就拿不出这几个钱来买，我再降价，你也只是说说而已。”

以上的几个方面，是买卖双方常用的挑逗语。在商战中，不妨用这种激将法试试。某种职业、某种人群在性格上具有某些共同的特征，激将法在这些人身上会有不同的效应。一般来说，年纪轻的要比年纪大的易“激”，越是讲究衣着打扮的、好争高比强的、地位较高、受人尊重的人越怕别人看不起。只要你掌握了激将法，那无疑对你的推销技巧或是购买技巧将是莫大的帮助和补充。

但这种方式在运用时应注意，因为稍有不慎，都将引起双方的不愉快，反而与原意背道而驰。激怒对方的目的不是为了同他一决雌雄，而是为了争取商战胜利，达到推销或购买的价格目标。

因此，实施时应注意以下三点：

（1）注意时机

最佳的时机是在对方犹豫不决、情绪不稳时，不论是在产品推销中或是谈判中均如是。

（2）不搞人身攻击

“激将”的目的是“请将”，而不是让他和自己对阵，这一点在商战中尤其重要。

（3）不可假戏真做

激将法是通过看低对方来乱其心志、促成成交的，但如果真正激怒了对方，那也有可能造成难以收拾的结局。因此，要学会及时控制，以免造成不必要的损失。

总之，说巧妙话要恰到好处，否则，弄巧反成拙。

第九章

开拓客户必备的销售口才

在你接近客户之前，需要为自己“造势”，“造势”的话该怎么说，该让谁说，该对谁说，这些都是你张开嘴巴之前要考虑清楚的问题。

1. 别人的一句话，比你的十句话更管用

每一位推销员都知道，销售过程中最大的障碍是什么？是信任！在中国的传统文化中，信任是做人处世的最基本法则，而信任的来源很大程度上是因为人们的心理存在敬畏。孔子说：“君子有三畏——畏天命，畏大人，畏圣人之言。”而在今天的商业社会中，人们最相信的商业信息来源主要有两个：一是权威、专家。二就是朋友或关系密切的人。前者因为敬畏而产生信任。后者因为密切而产生信赖。这两个方面都是在销售工作中，尤其是在销售沟通中必须合理运用的关键因素。

有很多销售员认为，任何人只要肯介绍客户，他就是好的推荐人。从理论上来看这确实没有错，可是惟有本身也是合适客户的人士，才会更具有说服力。强有力的推荐人，对销售员来说，具有很高的价值。可是通常只有以下两种理由，客户才愿意为销售员做郑重的推荐：

第一种，推荐人跟销售员之间有非同一般的友谊，以至于推荐人可以不计后果，而且不管结果会怎样，都愿意鼎力推荐。客户多半来自销售员个人亲密的亲朋好友，再不就是曾经有恩于他，基于报恩，所以愿意大力相助。

第二种，推荐人有助人为乐的作风。也许是以前的客户、亲戚、朋友或者是一些有社交来往的人——当然不是仅限于这些人。如果他对销售员有任何的不信任，通过他就无法把销售员的名字传播出去，为你做出色的产品宣传。

很多销售员会觉得要人帮忙介绍客户是一件非常难开口的事，因为觉得这对销售员的名声很不好。其实那是错误的，只要要求别人帮忙的说法适当，不但要求自然，而且寻求客户的技巧也会跟着大有改善。

不仅可以利用客户为自己宣传，还可以利用局外人为自己宣传。在一般情况下，法庭的陪审团很难对律师的辩词给予十分的肯定，所以最终的判决与律师的努力形成不了正比。面对这种情况，辩护律师通常请目击证人到法庭上提供最有利的证词，以增强辩护词的可信度，取得预期效果。不妨将这种方法引入销售当中，“证人”可以让销售员节省很多精力和脑筋。利用“局外人”销售，会非常快捷而又有效地获得客户的信赖。

当然，如果有第三方的现身说法是最好的办法，但销售人员在实际工作中遇到更多的是开拓陌生客户，这就要求推销员在与顾客沟通中想办法。

林凯是一家从事汽车配件销售公司的销售顾问，他得知某汽车生产商要采购大量配件，负责人是蒋经理，于是，林凯马上约了蒋经理面谈。

可是，刚见面，蒋经理就告诉林凯，由于公司临时有会，所以只有一个小时的时间。林凯马上告诉他：“没关系，贵公司的业务繁忙，您能抽出时间见面，我已经很荣幸了。”

蒋经理告诉他：“你知道，我正在负责采购的是一批关键的零件，质量相当重要。”

林凯回答说：“恩，我知道贵公司一向以高质量著称。我们公司也是一个讲求质量的企业，以前也和其他一些知名的汽车生产商打过交道，所以对500强企业的采购模式有了一定的了解。”

蒋经理说：“哦，看来你是行家了。那你们给知名汽车生产商提供的都是什么配件？”

林凯回答说：“各种各样的配件都有。您知道，知名企业对质量的要求几乎达到了吹毛求疵的地步。就像与A名企的合作，当时有5家备选的供应商，他们花了3周分别考察了这些供应商。我们也没有想到，最后他们跟我们公司签订了两年的合约。”

蒋经理对此也有了兴趣，他问道：“为什么他最后选择了你们呢？”

“我们在供应商中是唯一一家采用进口材料的，这就确保了我们的使用时限长；我们的加工工艺和生产流程都是国际上最先进的。同时，他们也很满意我们的售后承诺。所以，最后我们成了赢家。”

经过近一个小时的详谈，最后蒋经理和林凯已经就价格问题达成了一致，他们约定第二天进行具体的签约事宜。

在这个推销实例中，小林无疑是一个很出色的销售顾问，他熟练地使用了成功客户引证的销售技巧。在整个推销中，他虽然受到知名企业的强势压力和见面时间的限制，但仍然能主导整个推销谈话。他巧妙地将与其他知名企业的合作案例摆在客户的面前，并阐述了他们企业的优势所在，使客户打消了合作的顾虑，赢得了客户的信任。

2. 先交朋友再谈生意，让客户成为“自己人”

人在潜意识中总是相信自己的朋友，相信跟自己熟悉的人，而对陌生人往往有一些排斥和戒备，这是人之常情。如果你能够让你的客户感觉你就是他们的朋友，你的销售其实就成功了一半。不是吗？如果那样的话，他们对于你所说的一切，都会有一种信赖感；他们会对你的商品质量深信不疑，他们就永远成了你的“被说服者”。

销售人员小陈说：“我的销售业绩一直就不好，不是我不勤快，主要原因是我不会讲笑话。一次，我和我们经理去谈生意，不到几分钟，经理就和客户像朋友一样开玩笑了，笑哈哈的。可我呢，像个木头桩子似地戳在那里，太失败了！”

经理看到他这个样子，就对他说：“熟读唐诗300首，不会作诗也会吟嘛。如果那个客户说他很忙，你可以说，你不要赚那么多钱就好了嘛。这样，一边说一边笑，气氛很快就能缓和下来。”

其实，销售人员最关键的是要有灵活的头脑，思维敏捷更有利于沟通。在谈判的时候不要把客户当上帝，要把客户当成你的朋友，保持一种对待朋友的心态，客户就不会有拘束感！

很多销售人员觉得与客户谈生意是一件很严肃的事情，自己要注意礼节，说话要严谨，谈话内容最好是围绕着生意来进行。殊不知，很多经理级别的销售人员和客户谈判时，都会特别注意一些生意以外的东西，这些看似和生意无关的东西反而能影响到一桩生意的成败。

要赢得生意，首先要赢得客户的心。尤其是远道而来的客户，在短暂的宝贵的时间里，销售人员不可能马上就和客人谈什么新的采购计划，一般都是非常随意地与客人闲聊，比如生活情况、家庭、教育、有趣的事情等，完了再邀请客户吃晚饭。这种感觉就好像“他乡遇故知”一样，把客户当成了自己的好朋友。

实际上，能否与客户从普通的合作关系发展到能相互分享各自经历的朋友难度是相当大的，所花的功夫也比做成一桩生意要多得多。当然，意义也许比做成一桩生意还要深刻！

从营销学的角度上讲，最大程度地获取客户的终身价值是成功营销的重要标准之一。什么是客户的终身价值呢？简单地说，就是指一个客户为一种产品一生的花费能给公司带来的价值。这个终身价值反映的是客户对这件产品的忠诚度，忠诚度又来自于客户对这个产品的感情！

客户对产品的感情，包括对产品的质量、价格以及使用满意度等客观因素，还会受到主观因素，也就是和销售人员之间的关系的影响，甚至还可能会高于客观因素。和客户交朋友，不也是“把顾客当上帝”吗？

像朋友一样和客户谈生意，不仅能让客户感觉到自己受重视，也会对销售人员产生信赖感。长时间地保持这种信赖关系，会最大程度地发掘客户的终身价值。即使做不成生意，多个朋友也不是什么坏事！

当然，你也不可能和每一个客户谈生意的时候都像朋友一样，从客户关系管理上看，也不可能有那样的精力和资源。

销售人员在和客户谈生意的时候还要注意，必须保持一种认真、务实、诚信的态度，最好能形成一种习惯。想把生意做得长久一些，就一定要坦诚相待，努力去争取一个双赢，而不是花心思去算计对方！

把一个客户谈成你的朋友，有时候是一件很有成就感的事情。也许，这个朋友会带给你更多的生意，毕竟资源共享才能越做越强！

让客户感觉你是他们的朋友并不是一件容易的事情。这首先取决于你对待客户的态度。许多公司培训自己的学员的时候经常做这样的练习：

先找出四个学员，然后让每一个学员与之用不同的问候方式交流。

对第一个学员，你面无表情地只说一句：“你好！”对方的反应也是冷淡的“你好”两个字；对第二个学员，你面带微笑，同时主动伸出手说：“您好！”对方也是面带笑容主动和你握手说“您好”；对第三个学员，你说“您好！我姓某某”，同时伸出手，对方也和你的反应一样，并告诉你他姓什么；对第四个学员，你说：“您好！很高兴认识您，我叫某某某！”对方也和你的反应一样，同时告诉你他的名字。

这说明对方对我们的态度，取决于我们给对方怎样的影响和刺激。销售中客户会根据我们的表现和态度来做出相应的反应，如果缺乏主动和热情，很难影响客户的想法和行为。更谈不上对客户进行“说服”了。

所以对于一个销售员来说，热情能让客户感到他与你是一种朋友关系，而不是销售跟被销售的关系。如果他们当你是朋友，就会相信你所说的一切。当签订订单的时候，他们也许会说，你的公司的业绩并不是最好的，但跟你在一起，是我最快乐的事。热情能带来幸运，因为人们都喜欢和热情的人在一起。一个销售员如果缺乏热情，面无表情，像机器人一样，那么谁也不愿接近他，更不用说购买产品了。

成功沟通的一个前提就是，要变客户为朋友。世界说很大就很大，说很小也挺小的，同一个城市，要遇到一个人很难，也很容易。要想拥有长远的生意、长远的客户，把客户当成是你的朋友，让他们感到把钱花在你这儿值得，并且信任你，这个很重要。

好多成功的销售员，在工作中跟其客户都成为了朋友。把生意当作友情来经营，让你跟客户都感到开心。这样既谈成一笔生意，又多一个朋友，多一条路。

3. 要想钓到鱼，就要像鱼那样思考

心理学家为推销员提出一种推销方法，这种方法要求推销员把自己想象成客户，即从客户的立场出发考虑问题。当客户对你推销的产品提出批评意见时，你要装出忘记自己的推销使命的样子，站在对方一边说话。

华森是一家电力公司的推销员，一天，他来到一所看来比较富有及整洁的农舍门前，不过门只打开了一条小缝，户主查理太太从门内探出头来。当她得知华森是电气公司的销售代表后，便猛然把门关闭了，华森先生无奈，只好再次敲门，敲了很久，查理太太才将门打开，但这次仅仅是勉强开了一条小缝，华森先生还未说话，查理太太就毫不客气地对他破口大骂。

虽然出师不利，华森却并不服输。他决定换个法子，再碰碰运气。他顿时改口气，大声地说："查理太太。很对不起打扰你了，不过我今天来拜访您并非为了公司的事，我只是来向您买一点鸡蛋。"听到这句话，查理太太的态度稍微温和了一些，门也开大了一点。华森接着说道："您家的鸡长得真好，瞧它们的羽毛多漂亮，多光滑。您这些多明尼克种鸡下的鸡蛋，能否卖给我一些呢？"

门开得更大了，查理太太奇怪地问华森："您怎么知道我这些是多明尼克种鸡？"华森知道自己的话已经打动了查理太太，便接着说道："我家也养了一些鸡，可是没有您喂养的好，饲养得这么好的鸡我还真是没见过呢。而且，我饲养的鸡，只会生白蛋，也不知道查理太太有什么技巧。夫人您是知道的，做蛋糕的时候，用红褐色的鸡蛋，要比白色的鸡蛋好很多。我太太今天要做蛋糕，需要几个红色的鸡蛋，所以就跑您这里来了。"

查理太太一听这话，感到高兴万分，于是不再有丝毫的戒备心理，立刻从屋里跑了出来。华森则利用这短暂的时候，瞄了一下四周的环境，发现查理一家拥有一整套制作酸奶的设备，于是继续恭维道："我敢打赌，您养鸡赚的钱一定比查理先生养乳牛赚得多。"

这句话说到了查理太太的心坎里，她十分高兴。因为长期以来，查理先生不承认这件事，查理太太则总想把自己得意的事告诉别人。他们互相交流养鸡

经验，彼此间相处十分融洽，几乎无话不谈。

最后，查理太太在华森的赞美声中，主动向他请教用电的好处，华森先生给她做了详尽的回答。两周后，华森在公司收到查理太太交来的用电申请书，后来，华森先生便源源不断地收到这个村落的用电订单。

任何一个顾客都有他的闪光点，仔细观察，找到顾客的闪光点，并真诚地适当夸大它，你的顾客一定会很高兴的。在遭到顾客拒绝的时候千万不要放弃，如果你能像华森先生那样善于观察，你也一定能得到顾客的肯定，这样一来，还愁你的产品卖不出去吗？

在这样的交流中，对方无形中就把你当作帮助自己拿主意的人来看待，对推销员本能的戒心就消除了。在这种情况下，客户很容易在推销员暗示下，做出购买产品的决定。

按照常理，推销员要说服客户购买自己的产品，必定要极力吹嘘，吹得过分一些，就难免有水分。长此以往，人们对推销货物者普遍形成了一种偏见，认为他们说的话没有真的。广泛宣传的产品收效甚微，其道理也就在这里。但当推销员以知心朋友身份出现时，顾客就会被对方的真诚所感动，从而被说服。

向所有营销人员重磅推荐非常重要的一个理念：不要仅仅把自己当作一个销售，更要把自己当作一个客户。

“小时候，我喜欢的事就是和爸爸一起去钓鱼。在钓鱼的时候，我发现父亲总是能钓到鱼，而我总是一无所获。对于一个孩子来说，实在是一件沮丧的事。于是我看着父亲的鱼筐，向父亲求教：‘为什么我连一条鱼也钓不到，我的钓鱼方法不对吗？’可是父亲总是说：‘孩子，不是你钓鱼的方法不对，而是你的想法不对，你想钓到鱼，就得像鱼那样思考。’因为年幼，我根本就不能理解父亲的话。那时，我总是想：我又不是鱼，我怎么能像鱼那样思考呢？这和钓鱼又有什么关系呢？”

一位资深的营销培训专家在给教室里挤得满满的营销人员上课，他不紧不慢地来回踱着步，毫不理会这些听课者越来越不满的表情。他接着说：

“后来，我上中学的时候，似乎体会到了一些父亲话里的真正含义。我仍然喜欢钓鱼，闲暇之余，我开始试着了解鱼的想法。在学校的图书馆，我看了一些和鱼类相关的书籍，甚至还加入了钓鱼俱乐部。在学习和交流的过程中，我对鱼类有了一些了解，也学到了很多有用的东西。”

“鱼是一种冷血动物，对水温十分敏感。所以，它们通常更喜欢待在温度较高的水域。一般水温高的地方阳光也比较强烈，但是你要知道鱼没有眼睑，阳光很容易刺伤它们的眼睛。所以它一般待在阴凉的浅水处。浅水处水温较深水处高，而且食物也很丰富。但处于浅水处还要有充分的屏障，比如茂密的水草下面，这也是动物与生俱来的安全感。当你对鱼了解得越多，你也就越来越会钓鱼了。”

“我知道，你们花了很多钱来这里，不是听我说废话的，我也不想说废话，这是我几十年来积攒的宝贵经验，绝对不是废话，请大家耐心一点。”营销专家用力地拍拍桌子，想控制一下台下营销人员浮躁的情绪。

“后来，我进入了商界，也和你们大多数人一样，也是从一个普普通通的销售员干起。现在还记得，我的第一任老板是这样跟我说的：‘虽然我们每个人的职务不同，工作内容也不太一样，但我们大家都要把自己当作一个销售员，我们都需要学会像推销员那样去思考。’在以后的工作中，我一直这样要求自己，阅读大量销售方面的书，参加各式销售研讨会。但是，在学习的过程中，我渐渐发现，我们不仅要学会以一个销售员的心态观察问题，更要掌握客户的心态，就像我父亲说的那样：‘如果你想钓到鱼，你得像鱼那样思考。’而不是像渔夫那样思考！”

“这也是我今天向所有营销人员重磅推荐的最重要的一个理念——不要仅仅把自己当作一个营销者，还要把自己当作一个客户。”这位资深的营销专家重重地喊了这一嗓子，一下子把那些正在打瞌睡的家伙给震醒了！

一个专业的销售人员，想提高自己的销售业绩，就必须学会站在客户的角度想问题。但是，很可惜，现在有很多销售人员不知道这一点，他们往往喜欢站在自己的立场思考问题，而不能像一个普通的客户那样思考问题。

如果你想和你的老板相处愉快，并能更好地沟通，就必须得像他那样看问题。销售的道理也是一样的，你想从客户的口袋里掏钱，必须给客户一个掏钱的理由。这个理由源自哪里，源自客户的内心！只有真正体会到客户思维的销售，才是真正的销售高手。掌握客户的心理不是一件很容易的事，需要懂点儿心理学。初涉销售者，不妨学习一些心理学知识，相信会对你大有裨益！

其实，道理也很简单。你想卖给一个老太太一个足球几乎是不可能的，除非她要送给自己的孙子。以老太太的心态，替她想问题，这才是销售的王道！

4. 销售不是演讲，废话套话只能引起反感

客户需要的是实实在在的信息，不是销售的废话。你的话越简练越有吸引力，紧紧抓住客户的心理才是最重要的！又长又臭的聒噪只会让客户反感，本来有意合作，经过你一番“演说”，也许这事就黄了。

张女士到一家商场闲逛，在女装专柜面前想随意看看衣服。她还没站稳脚跟，一位销售人员就走到她的前面，一口一个“大姐”，热情地向她推销商品。“大姐，您看看需要点什么？”“大姐，我们这里有最新款的冬装”“您身材这么好，这件衣服肯定合适。”张女士在前面走，销售小姐在后面走，几乎是寸步不离。最后，张女士实在受不了了，对这位喋喋不休的小姐说：“谢谢你，我想随便看看，不麻烦你工作了！”这位销售小姐只好悻悻地走了。

“说实话，我不喜欢这样又臭又长的谈话，本来想看看有没有合适的衣服，可惜挺好的心情被这些销售人员的过度服务搞坏了。”张女士无奈地摇了摇头。

比张女士更为恼火的是大学三年级的刘佳，刘佳的皮肤不是很好，脸上有些雀斑，和同学逛街的时候多少有些自卑。每次到商场，都有一些推销员上来搭讪，极力向她推荐什么祛斑美容用品，简直让刘佳无法忍受。相信有很多人都有这样的经历，体会过这种很无奈的感受。过度热情的打机关枪式的推销，往往让顾客厌烦。

为什么又臭又长的谈话引起顾客的反感呢？除了人的天性不喜欢别人的打扰以外，现在很多人喜欢把逛商场作为自己的休闲方式，购物只是其次，不需要销售人员的“喋喋不休”。你想想看，顾客不需要的东西，即使舌灿莲花，顾客也不会买。除了增加反感，几乎没有什么益处。

其实，大部分客户是这样认为的：“你只要告诉我事情的重点就可以了，我不要又臭又长的谈话，请有话直说！”所以，切忌喋喋不休，有时候沉默也许真的就是“金子”，沉默也会有意想不到的效果。销售人员多说几句本没错，想多了解客户的感受和需求也无可厚非，但总是跟在客户的身边喋喋不休地推荐商品，是会让顾客厌烦不已的。

在和客户商谈的时候，道理也是一样的，客户需要的是实实在在的信息，不是废话。你的话越简练越有吸引力，紧紧抓住客户的心理才是最主要的，又长又臭的聒噪只会让客户反感，本来有意合作，经过你一番“演说”，也许这事就黄了。

虽说销售人员也有苦衷，但商场如战场，不积极主动，多和客户交流，机会就会越来越少。然而，在交流的时候也要注意到客户的反映，看看客户是否对自己的话感兴趣。如不“感冒”，请立即调整自己的话语，尽量取得和客户的共鸣。

听客户需要什么，听客户期待什么，听客户对自己的看法，这是非常重要的。人都有被尊重和独立思考的权利，狂轰滥炸式的话语往往适得其反。

作为一个销售人员，服务一定要周到、亲切，并注意观察客户的表情，从轻松的谈话中了解客户的消费能力。别总想着让客户先掏钱，殊不知，欲速则不达。有时候你越想“勾引”客户上钩，越让你失望。一个优秀的销售人员应以客户为中心，尽量做到真诚可信。

无干扰的服务是对顾客的一种尊重，长话短说也是一种对客户的尊重，所以，每一个销售人员都应该懂得这个道理，争取“长话短说，有话直说”！

别自以为什么都知道，认为客户无知

销售人员认为顾客什么都不知道，自己什么都懂，在和顾客交流的过程中，欺骗客户。

自己在那边狂吹滥侃、自吹自擂。其实，顾客已经恨得牙都痒痒了。在销

售的时候，切记不能认为顾客无知，否则就算顾客不懂，也不会买你的东西。

王女士准备给6岁的儿子买一套合适的书桌和书柜。她选择了一家全国知名的家具代理商。这天，她来到这家公司的品牌店。

王女士一进门，一个销售人员就热情地迎了上来，迫不及待地说："欢迎光临，一看您就很有眼光。本店的家具质量上乘，设计一流，豪华高档，摆放在您的客厅里，一定可以大大提升您的品位。"

王女士很有涵养地笑了笑："谢谢，不过我对这些倒不是很重视。对了，你能给我讲讲这套家具的具体构造吗？"她指着一套家具说。

销售员的脸上堆满了笑容："非常乐于为您效劳，这套家具的边角采取的是欧洲复古风格，设计十分独特，还可以当作梳妆台用，非常适合您这样高雅的女士……"

王女士不得不打断了他的话："是这样啊，好像这也不是我最感兴趣的。我比较关心的是……"

销售员紧紧地跟在她的身边，马上就接过了她的话："哦，我知道了，您看看！这套家具采用的都是上乘木料，外面还配置了保护层，我敢保证它的使用寿命绝对在20年以上……"

王女士又一次打断了他的话："不好意思，关于这些，我都相信。但是我想，你是误会我的意思了，我更关心孩子……"

王女士本想说："我更关心适合不适合给孩子用。"还没等她的话说完，那个自作聪明的销售员就抢过了她的话："这位女士，这样的担忧，在我们店里，您完全可以省略。我们会为您的家具特别配置一些防护措施，能够避免小孩子在上面乱涂乱画。对了，您再看看，这件家具还是一件非常有价值的收藏品。如果您买全套的话，我们还可以给您优惠价……"

王女士实在听不下去了："对不起，我想我真的不需要，谢谢你。再见。"就在王女士转身离开的时候，她听到那个销售员还在嘀咕："不买就不要浪费我的时间嘛，真是的，什么人？"王女士苦笑了一下，对这样的营销人员彻底无语了……

这位销售员向顾客推荐了品位、质量、价格等一系列好处，可是不能做成这笔交易。原因在哪里？这样的销售人员错在不明白客户的心理，以为自己了解顾客，是想顾客之所想。本来，王女士确实是想买家具的，就因为这个销售员一副不懂装懂的样子选择了别的商家。不懂顾客的心理是很难达成交易的，作为一个销售员必须具备吸引顾客、提升顾客购买热情的能力，而不是去打击顾客的购买欲。

通过这个家具销售员的故事，我们可以看出，掌握客户的心理，懂得一些营销心理学，对一个营销人员来说是多么重要啊。也许就是这几句话，几分钟的时间，几千块的提成就从我们身边溜走了。你说可惜不可惜？

5. 嫌货才是买货人，有批评说明有兴趣

“嫌货才是买货人”，顾客之所以“嫌弃”你的货物，不正是说明他对你的产品产生了兴趣吗？顾客有了兴趣，才会认真地加以思考，思考必然会提出更多的意见。这是事物发生的必然规律！如果一个顾客对你的任何建议都无动于衷，没有任何的异议，不用猜了，这个顾客绝对没有一点购买的欲望。

“嫌货才是买货人”是一句台湾俚语，意思是说，嫌货品不好的人才是真正的内行，才是愿意购买你产品的人。遇到挑三拣四的顾客，销售人员不能轻易地否定顾客的购买欲望，恰恰相反，我们要对自己的货物有信心，跟顾客诚恳地讲解产品的优势，不怕人嫌，不怕比较，嫌货才是买货人！

当人们关心你的产品，而又拿不定主意是买还是不买时，他们就会提出一些异议，可以把这些异议解释为肯定的购买信号，如果处理得当，成交就很有希望。

例如，客户已经有了一套完备的计算机系统，如果他和你成交的话，再买下你的，他就需要多付一笔费用，所以他会说“也许我应该继续使用现有的系统，这样可以节约一笔不必要的开支”。他的实际意思是想跟你确认，买下你的系统能不能给他带来好处。要是他只是说“我还是用我现有的好了”。那就说明他根本没有把你说的话听进去。除非你能做些试探，套出他的真正意图，

否则成交的机会很可能微乎其微。

客户这样说："我并不觉得这个价钱就表示一分价钱一分货。"实际上他是在告诉你：你要证明给我看你的产品是物有所值的，甚至物超所值。

"我从来没有听说过你们这家公司呀。"则是：我愿意买你的产品，但我更想知道你公司的情况，信誉和质量是否都有保障？

"这个尺寸恐怕不适合我。"则是：你能证明它穿在我身上是合适的吗？

"我不想买什么，只是随便看看。"则是：我没有特别想买的，但是也没说什么都不买，你要是能说服我，我就买，否则，我就只是随便看看了。

"我正在减少开支，所以不想买任何新产品。"则是：除非你能使我确信你的产品真是我需要的东西，我才可能掏钱来买。

销售并不是那么简单容易的事。要是在做销售时，所有的客户都在合适的时间签字、开支票的话，那当然是再好不过的事了。但是正如大家知道的那样，人们会提出异议，是因为他们想知道这件产品为什么值得去买。由此我们就能看出一个销售人员是如何卖出自己的产品的。

在推销的任何阶段，客户都有可能对你的产品的任何方面提出异议。销售人员要时时刻刻做好这种心理准备，对客户的异议不能轻视，更不能心存芥蒂。什么叫推销？经验告诉我们，不断地解决顾客提出的所有异议，坚持下去，达成交易。不嫌你货的人，往往是走马观花的看客，他们是不会把精力浪费在你身上的！

打个比方，你向一个工薪家庭推销一种豪华型轿车，你口若悬河，大谈什么节能环保，顾客是不可能对你有什么异议的，因为他那点工资收入根本买不起你的豪华轿车。但你要向他推销一款皮鞋，也许他会很认真地跟你说："这个皮鞋款式有点老，皮子也不是很好……"实际上，这个顾客已经有些心动了，他的话已经无意间告诉销售员"我很有兴趣买一双"。即使现在不买，那也是你的尚待开发的潜在顾客。

当然，还有的顾客会直接告诉你"我不喜欢""我现在不需要"等无条件的拒绝性异议或者是明显的推托。这时，你可以拿起的产品离开了，他根本就没有买你东西的打算，他不符合做你的顾客的条件。

6. 选对池塘钓大鱼，做销售前先做筛选

很多刚参加工作的销售员，迫于压力，也急于站稳脚跟，几乎成天都在外面开发客户。似乎碰到的每一个人都会成为自己的客户，每一个人都可能会购买自己的产品或者服务，因为培训老师也是这么讲的，所有的客户都会被说服！

也许在你看来，所有的客户都极有可能接受你的产品或者服务，而且你自己的野心也很大，不放过任何一个可以发展为客户的人！这对刚入行的你来说，为了了解市场、早日出成绩，也是必要的。但是如果你想提高自己的业绩质量，而不只是客户数量，不想跑得那么辛苦却所得甚少的话，那么你就要动动脑筋，想一些策略了。

在一些针对销售员的培训课程上，培训老师也许会鼓励我们：只要信心百倍，就可以说服所有的客户！看一些励志类的书籍时，作者也会教导你：所有的客户都会被说服。这个论断对销售员的信心是一个极大的激励，仿佛天下就在我们脚下，客户就在我们手中，这个世界上只有我们销售员才是真正的霸主！这种激励对于一个销售员的精神面貌的改变也许有好处，但是，在我们开展日常业务工作时，就会体会到实际情况并不是培训时提到的那样，而总是有我们无法说服的客户存在。

在具体的业务实践中，如果你对客户有一个统计分析的话，会发现，你的客户当中有1/3的客户是你必须要说服的，也一定会说服的客户，而另外1/3的客户只是仅仅有购买意向的潜在客户，还有1/3的客户却是你永远也说服不了的。

这里就存在一个说服客户的技巧和顺序问题。

当我们拿到一大批的客户名单后，首先要对所有的客户资料进行核实，这是许多公司训练新人的业务谈判能力的必修课之一。

这些客户当中，有一部分人是真正有交易意向的人，他们的确希望通过你的桥梁作用达成交易。而另外一部分客户暂时可能没有交易的意愿，但他们希

望和你成为商业伙伴，在其需要交易的时候能找到你，获得你的帮助，从而达成交易的意愿。剩下的一部分客户则是没有价值的，是已经死去的信息，他们可能已经达成了交易，以后也不会再有交易的可能；有的已经更换了电话和地址。如果对方是公司的话，甚至其性质都已经发生了变化，和你目前从事的行业不搭界了；有的干脆拨过去就是空号，公司也人去楼空了；就是能拨通，可能也已经是居家住户了，而不是一家公司了。

这三类客户所占的比例相当，都在1/3左右。

对客户的筛选，是销售员必须做的一项工作。对于不合格的客户，一定要懂得放弃。这并非我们的业务能力不行，也不是客户实在太难对付，而是我们无法预知、抗拒的客观原因的作用。明白了这一点，你就不会感到迷惑。

有位业务骨干这样谈到他刚入行时的一次失败：

在我从事推销工作的第一年，对客户的寻找可谓是波折重重。有一次，在一家客户那里，我进行了不下于4次的拜访。然而，当我最终确定了报价后，客户根本就觉得不可能接受，最终我也没能说服他，这让我一度非常沮丧。还有一次恰恰相反，那是一家外资企业，他们对我提供的仅仅做了5%价格折扣的产品却直接签了合同，我仅仅只进行了一次拜访。也许这只是一种运气，但我更愿意相信有一些必然的因素在里面。

我的这次失败，就是由于找的是不合适的客户，使得在这个客户身上所投入的时间和精力被浪费；缺乏对合格客户的标准评估，使得识别潜在客户产生偏差而造成无法准确定位。

相信很多人都会有类似的体验，这样的情况见得多了，我们将很容易得出一个结论：如果选准客户的话，我们会很省力。事实上，客户名单、联系方式、家庭地址等只是简单的客户信息，我们要找的绝不仅仅是这些，更多的是要明确你的客户范围。

由此可见，对客户进行寻找、调查是多么重要。

对客户资料进行分析整理，确定你的客户范围，这是成功说服的第一步。在很大程度上，这决定着我们今后的目标与方向。

记住，你的努力方向与目标的偏差越大，你获得的成功越小。这正如一项“圈地运动”，如果你圈定的是一块贫瘠的土地，永远不可能获得丰收。

关于方向的选择：

（1）选择正确的行业。你要明确的是，在哪个行业出现了产品最大的需求，或者，我们的产品与服务本身就是为了哪些行业而设计制造的。这些行业拥有较大的需求量和产品接纳能力及购买能力。

（2）产品的定位如何？是低端、中端还是高端市场？哪种性质和规模的企业具有这样的需求能力？

（3）谁是最能发挥我们产品与服务价值的客户，即谁是最好的客户？

回答这些问题，对于销售员来说将能够很好地明确自己的进攻方向。

第十章

产品介绍时的销售口才

一位著名企业家说过："不论是顾客还是老板，都只需要专业的人才。"

对于销售人员来说，仅仅是博得客户的好感是不够的，更重要的是要赢得客户的信任，使其最终购买我们的商品才是最终目的所在。因此，对于有关商品的专业知识也是销售人员必须掌握的。业务素质应该是销售人员的基础"硬件"。

营销人员是否具有良好的业务素质，直接影响其工作业绩。营销人员应具备的业务素质是指其业务知识。一般来说，业务知识主要包括企业知识、产品知识、顾客知识、市场知识等方面。

作为一个优秀推销员，必须了解自己的企业、自己所推销的产品、自己将要面对的竞争者，成为行家里手，才算是一个职业推销员。

1. 让自己成为专家，成为客户心中的权威顾问

假设你是德国刀具的销售人员。顾客问："这个刀子好在哪啊？"你说很锋利。顾客又问：如何锋利？你说是合全钢做的。顾客又问：用什么合金做的？你说不知道，反正这个刀很锋利就是了。想想看，顾客会怎么评价你。

你去医院看病的时候，希望接待你的是个老中医还是个初出茅庐的医科大学毕业的大学生？废话，当然是有经验的医师更值得信赖啦，不是说大学生的水平差，而是说人的心理往往趋同于那些年长一些、经验较丰富的人。

在销售过程中，做一个顾问式的销售人员能更好地帮助顾客收集信息、评估选择，减少购买支出。同时，还能让顾客产生良好的购后反应。作为一个销售人员不能只着眼于一次购买行为，而是要通过自己专业的知识和积极的态度，同客户保持长期合作关系。以顾客的利益为中心，坚持感情投人，适当让利于顾客，实现双赢。

销售不仅仅是一种职业，更是对人生的一种挑战，一种在激烈的竞争中进行自我管理的能力。所以销售人员必须专业，在力量、灵活性及耐力等方面一定要具有较高的素质。

如何才能做到专业呢？大体上有以下几点要求。

第一个要求：顾客不知道的，你要知道；顾客知道的，你知道的要比顾客更详细。

由上面的例子可以得出，一个称职的销售人员想让顾客购买你的产品，就应该把话讲清楚，尤其是产品的功能和制作原理。想卖给人家刀子，就要懂得合金钢的原理，对刀的合金成分的比例要清楚。顾客不知道的我们要知道，顾客知道的我们知道得要比顾客更正确、更清楚。

第二个要求：除了知道自己的主业以外，还要知道其他很多相关的常识。

假如你第一次到北京玩，坐上了一辆出租车。你在路上随便指着一个建筑问司机，司机却说自己不知道。司机只管开车，只知道路怎么走，对北京的文化、历史却不是很了解。你会怎么看这个司机，是不是觉得这个司机很不称职。所以，一个合格的销售人员不但要对自己本行业的专业知识有深刻了解，还要对产品相关的常识做一些基本了解。销售人员不但要专业，还要多元化。

第三个要求：你是帮客户“买”东西，不是“卖”东西给客户。

余先生经常到国外旅游，他说过这样一件事，相信会对销售人员有所启发。在欧洲喝咖啡，咖啡厅的工作人员教会了他很多喝咖啡的学问，比如喝咖啡是品咖啡，不能一口气喝光；喝咖啡不能吹，不管多烫都不能一面喝一面吹等。可是在国内的很多咖啡厅里，服务人员看到客人出洋相还在一边“幸灾乐祸”地嘀咕：“不会喝就不要喝啊，装什么蒜？”你说，这是一个营销人员该说的话吗？让客人听到了谁还会来啊？一个销售人员必须具备帮助顾客的心态，而不是说：“你会不会喝，这是你的事，我的目的就是把咖啡赶快卖给你。”

第四个要求：你的客户是永远的客户，而不是只来一次。

台北的诚品书店排名亚洲第一。全天24小时营业，地板纯实木，非常干净，顾客可以坐在地上看书。书店里有油画、鲜花、咖啡及优雅音乐，而且每周一、三、五下午两点到五点还有名人讲座。最难得的是，顾客只要能说出这个世界上已经出版的任何一本书，工作人员都会想尽办法帮你找到。所以，很多高层人士一有闲暇就来这里。因为，经营者知道：客户不是只做一次的，而是做永远的。

2. 让客户更相信你，想客户之所想

知识日新月异，人们对其他的行业知之甚少，当客户购买某种商品的时候，十分需要别人为你提供顾问式的服务。小到买日用品，大到买房、买车，都需要专业人士帮助解答相关问题。知识对于一个销售人员来讲，不仅仅是博

得客户好感的工具，其更深层的意义在于，只有具备渊博的知识才能更好地为客户服务，才能真正急客户之所急，想客户之所想。

从某种意义上说，销售人员的工作是通过自己的商品知识为客户创造利益，协助客户解决问题。为此，销售人员必须坚持不懈地、全方位地、深层次地掌握自己销售的产品知识、本行业的知识、同类产品的知识。这样知己知彼，才能以一个“专业”销售人员的姿态出现在客户面前，能让客户增长见识和帮助他们解决难题，才能赢得客户的依赖。

因为我们也有这样的感觉：我们去买东西的时候，或别人向我们推荐产品的时候，如果对方一问三不知或一知半解，无疑我们会对要买的东西和这个人的印象打折扣。我们去看病都喜欢找“专家门诊”，因为这样放心。现在的广告也是：中国移动——通信专家、九牧王——西裤专家、方太——厨房专家。我们的客户也一样，他们希望站在他们面前的是一个“专业”的销售人员，这样他们才会接受我们这个人，接受我们的公司和产品。

有一位“金牌营销员”，她是一位其貌不扬的小姑娘，但是销售记录让我感到很惊讶——她竟然创下了一个月销售抽油烟机700台的纪录。700台呀！平均一天就要销售25台抽油烟机，有的销售人员估计一年也达不到这个水平。

为什么她能够有这么好的业绩呢？原来这位“金牌销售人员”对产品的精通，已经达到专业水准。打开任意一个品牌的抽油烟机，连续听两三次后，就能够判断出其噪音大概有多大，功率大概有多大，叶轮的转速大概是多少；拍打机子几次后，她就能够判断出其所用的钢板有多厚。

原来，在做销售之前，她曾在一家抽油烟机企业做过一年的动平衡检验工作和噪声测试工作，这为她掌握产品知识打下了基础。成为销售员之后，她把这些知识进行总结，并专门抽时间到以前的单位向老师傅请教，经过几个月的钻研和练习，她终于掌握了其中一些规律性的东西。

对于产品有了深入的了解，在做销售的时候，她就能够用自己的专业知识，对各种品牌的抽油烟机给出一个中肯的评价。所以好多客户就是冲着她的名声，找她买抽油烟机的。

销售员要对所推销产品的方方面面都很了解，并能亲自动手操作进行示范，最好还会一些修理和排除故障的工作。此外，还应熟悉竞争产品的知识，以利于在推销时将竞争产品与自己所推销产品的优缺点进行比较，增强对准客户的说服力。如果销售员不了解竞争产品的情况，不了解竞争厂家的销售政策和价格政策，当客户夸竞争产品的优点或受到竞争对手的诱导时，你就会很被动。

比如一位客户想买一台数码相机，面对3000元的价格，客户很可能对你说"别处才卖2800"之类的话。如果你有丰富的行业知识和竞争对手信息，你就知道这是否属实：

"我想您要关注的应该不只是价格，您可以再了解一下他们的价格里是否包含我们提供的这几种配件，以免您还需要再付钱购买，如果也是包含这些的话，我个人倒是建议您仔细观察一下给您的产品是不是有问题，因为正规产品的价格我们这里是最低的。"这样心中有数才能使你更自信。

3. 让产品展示优势，把好处益处最大化

在与客户沟通中，销售员需要把自己的产品优势充分地展现出来，这样有利于打动客户。但销售员首先需要弄清楚，哪些是产品特征，哪些是产品的益处。

一般来讲，产品的特征就是指产品的具体事实，如产品的功能特点和具体构成；而产品的益处指的是产品对客户的价值。在介绍产品时，要把产品的特征转化为产品的益处，如果不能针对客户的具体需求说出产品的相关利益，客户就不会对产品产生深刻的印象，更不会被说服购买。而针对客户的需求强化产品的益处，客户就会对这种特征产生深刻的印象，从而被说服购买。

"的确，这个产品的牌子不太响亮，但它的优点却是最适合你的。它的节电功能可以让你尽情享受3天，你根本不必担心会用多少电。而且它的价格也比同类产品便宜得多，何乐而不为呢？"一部手机销售员如是说。

一个空调销售员对顾客说："价格是高了点，但它的性能是卓越而人性化的，有了它，您就会有一个舒适的夏天。"

"我们的产品的服务是众所周知的，优异的性能再加上优异的服务，您使用起来就会更方便舒适。"

在上面的销售语言中，销售员的说辞都具有较好的说服力。他们能够抓住产品的特点，突出产品的长处，来淡化产品的弱势。销售员在向客户介绍产品时，如果不能让产品的价值和优势打动客户，在接下来的工作中就会非常被动。因此，介绍产品要扬长避短，针对客户的需求点中的关键部位来介绍产品的功能，以此来赢得销售上的成功。

那么，销售员在实战中，如何掌握展现产品优势、弱化劣势的技巧呢？

（1）掌握说明产品益处的方式

一般来讲，无论销售员以何种方式向客户介绍或展示购买产品的好处，通常会围绕以下几个方面展开：

◎省钱。

◎性价比。

◎方便。

◎安全。

◎爱。

◎关怀。

◎成就感。

针对这些方面，销售员要根据不同的客户采用不同的说明方法。

◎"产品先进的技术会给你带来巨大的效益。"

◎"方便的使用方法会给你节约大量的时间。"

◎"这种产品可以更多体现你对家人的关心和爱护。"

◎"产品时尚的外观设计可以体现出您的超凡品位。"

当然，销售员应该注意的是，说明产品益处时，必须针对客户的实际需求展开。如果提出的产品益处并不符合客户的需求，比如向需求实惠产品的客户推荐时尚而价格高昂的产品，那么这种产品的益处再大，也不会引起客户的购买兴趣。

（2）强化产品优势、淡化无法实现的要求

当客户说出愿意购买的产品条件时，销售员要将自己的产品特征和客户的理想产品进行对比，明确哪些产品特征是符合客户期望的，哪些客户的要求难以实现。在进行了一番客观的对比后，销售员就能有针对性地对客户进行劝说。

销售员要强化产品的优势，对客户发动攻势。如："您提出的产品质量和售后服务要求，我公司都可以满足您，一方面，我公司的产品的特点在于……另一方面，我公司为客户提供了各种各样的服务项目，如……"

在强化产品优势时，销售员必须保证自己的产品介绍是实事求是的，并且要表现出沉稳、自信和真诚的态度。

无论销售员多么努力地向客户表明产品的各项优势，可聪明的客户还是会发现，你推销的产品在某些方面达不到客户理想的要求，这是不可避免的。这时，你要主动出击，以免让客户步步紧逼，使自己处于被动地位。

如果你的产品达不到客户的要求，可以运用以下方法来弱化客户的异议：

◎只提差价：这种方法适用于很多产品的推销。如："只要多付800元，您就可以享受到纯粹的夏威夷风情。"

◎进行贴近生活的比较，这要求销售员对自己的产品要有相对程度的理解，并且这种理解符合大多数人的生活习惯。如："您只要每周少抽一包烟，这个产品的钱就出来了。"

4. 不再掩饰缺陷，隐瞒和掩饰适得其反

在一家知名企业的内刊上有这样一句话："优秀的销售代表必须为产品说实话，他必须承认，产品既有优点也有不足的地方。"但是在销售中，为了尽快实现成交，一些销售人员会把产品的优势说得天花乱坠，但是对于产品固有的缺点和不足，他们则会百般掩饰和隐瞒。销售人员必须承认，产品既有优点也有不足的地方。如果产品明明具有某种缺陷，而销售人员却执意隐瞒、不敢

承认，那么一旦客户发现真相，即使销售人员再做多少解释，都很难挽回客户的信任。

当然了，要承认产品的不足并非就是简简单单地将所销售产品的所有问题都罗列在客户面前。销售过程当中固然要对客户保持诚信、勇敢地正视产品不足，但是这也需要讲究一定的技巧。有时候，尽管销售人员已经将产品的所有真实信息都坦诚给客户，但是客户仍然认为你讲的话有水分；还有一些时候，当销售人员冒冒失失地将产品的某些缺陷告诉客户的时候，客户会因为接受不了这些缺陷而放弃购买。掌握一定的技巧，不仅可以使客户对你及你所销售的产品更加信赖，而且还可以更加有效地说服客户，使客户产生更加积极的反应。

（1）主动说出一些小问题

从来就没有完美无缺的产品，客户尤其深信这一点。如果销售人员自始至终只提产品的优势，而对产品的不足只字不提，那你推销的产品不仅不会在客户心中得到美化，反而会引起客户的更多疑虑。他们可能会主动询问，也可能会在心里暗自猜疑。为了打消客户的疑虑，销售人员可以主动说出一些有关产品不足的问题，说这些问题的时候，态度一定要认真，让客户觉得你足够诚恳，但是这些问题一定是无碍大局的，对方可以接受的。

当销售人员主动地将产品存在的问题说出来之后，客户就会认为你更值得信赖。

（2）实话巧说

在告诉客户真相时，销售员也并不是要在任何情况下、对任何事情都实话实说。有些问题销售员虽然可以说出，但也不能一股脑全部抛出；有些问题是销售员不能如实说出的，如商业机密等。

关于这些不能说出或者不好说出的问题，销售员一定要格外注意，不要为了博得客户的一时高兴就信口开河。在说一些问题时，可以采用声东击西的策略，如："您说的价格问题，其实不是一个大问题，好的产品制造投入自然高一些。试想，如果你花较少的钱买了质量比较差的产品，心里是不是十分郁闷？而我们的产品质量是绝对可以信赖的。"

（3）为自己说过的话负责

销售员在与客户沟通时，不要轻易做出承诺，对自己做不到的事千万不要答应。而答应了客户的事情，就一定要想办法做到，这既是为客户负责，也是为自己负责。如果信口开河，随口答应，不但不能树立自己的信誉，还会失去客户对你的信任。

而如果销售员答应客户的事情无法做到，就一定要诚恳地向客户道歉，并尽量在别的方面对客户做出补偿。

（4）别去直指客户的问题

虽然销售员要尽可能将客户奉为上帝，但不可否认，这些"上帝"也各有各的不足。有的时候，他们会因为心情不好而把你当作出气筒；有时他们提出的条件太过苛刻；有时他们又碍于面子，不肯承认自己的真实需求……

对于客户的种种问题，销售员心知肚明即可，不要直接指出，这样可能会挫伤客户的自尊心，影响你们的进一步沟通。

即使顾客在最后关头突然改变主意，销售员也不能带有情绪，更不可指责、破口大骂，要相信他不买一定有他的原因，要设身处地地表达出你的理解和关切。第一次沟通只是交易的开始，即使客户不购买，只要给客户留下深刻的友好形象，不愁他不会再来。

5. 让语言更加专业，但需要解释清楚

良好的产品介绍更需要专业的语言，比如推销新式电子游戏类玩具时，推销员可以这么说：

"顾客，您好！我店新到一批新式电子玩具，类型和样式很多，从低档到高档都有。低的三四十元，高的1000元以上。因为是新式玩具，初销时的价格较低，它不仅对儿童游戏有帮助，而且可以当作家庭装饰品，这样一来您就不用愁玩具没处放了。您瞧，这里有一系列从最简单到最高级、复杂的玩具，制作质量很可靠，外型采用最新式的一体构造法，不易损伤。如果您要购买，可以让您的小孩从简单的玩具玩起，然后再玩较复杂的玩具，这对开发儿童的智

力、提高他们的积极性很有益处。还有一点需要说明的是，这种玩具不仅适合儿童，而且更适宜作为成人教育、开发子女心智的教具，最高级类型结构较为复杂，可自己动手组装成另外一种你所喜欢的玩具。出售这类玩具的同时，赠送一套组装零件，相信您一定会开发出更多的功能。”

在这里，我们推出一个FABE的概念。

FABE指的是这四个方面的内容：F代表商品的特征，A代表商品的优点，B代表客户的利益，E代表证据。

简单说来，要求推销员在推销商品之前，能够按照FABE做好详尽的说明准备工作，即先把商品分解成若干个部分：机能、外型、质料、耐久性、使用方便程度、品质、用途、价格等，然后就每一个部分写下它的特征，以及由此而产生的优点，而这些优点又能给客户带来什么利益，最后还必须提出证据证明该商品的确能给客户带来利益。这样推销员与客户面谈时能有条不紊地进行。

有位推销员来到一家零售店，向其负责人建议，在其玻璃制品柜中增加一项新产品——厨房常用的酱料瓶。推销员用FABE法这样开始他的介绍：

经理，您好！这是我们日用玻璃厂新开发成功的厨房用的酱料瓶，也是本厂今年的主要新产品。请允许我打扰您几分钟，向您作个详细的说明。

（拿起样品）“我们打开它的盖子，有舌状的倒出口，出口上刻有7厘米的槽沟，可以防止瓶内的液体外漏；而注入口可以倒入各种液体：油、酱油、醋等等。

这个瓶的最大优点是，倒完瓶内的酱油后，瓶口不会沾有残余的液体，可以保持周围的清洁，非常卫生。据我们所知，目前在市场上尚未有同类产品，相信销售前景相当可观，也可给您带来很大利益。本厂曾选择100个客户进行实验，经过一年的试用，反映甚佳。

我们再来看看它的外型。正如您所见，它有着光洁的圆锥型外表，圆顶状的盖子，摸起来舒服，看起来别致。有红、黄、绿三种颜色，任君选择。

由于它具有时髦而现代感十足的外型，所以不仅可放在厨房，也可放在餐桌、食品柜中，使家庭陈设倍添光彩。如放在贵店展销，不会占据太大的空间，看起来又很悦目，可以提高商店的形象，定能吸引顾客的眼光，成为畅销品……

如上述这般所述，商品的机能、外型直到价格都能无一遗漏地详细陈述。推销员说得头头是道、有条有理，顾客也听得明明白白。

使用这种方法，有以下几种优点：

（1）方便推销员做商品说明，由于准备得充分且全面，推销员介绍起来就会显得信心十足；

（2）由于此种方法是站在客户的立场上设计的，所以解说起来容易为顾客所理解；

（3）此种方法以事实为根据，有相当的逻辑性：特征→优点→利益→证据，所以比起其他的方法来说服力强；

（4）由于分析得很具体，就可以仔细观察客户对各点的反应，把握客户的真正兴趣或真正的需要所在。

另外，在介绍产品的时候，还有一种方法可以让顾客对商品了解得清清楚楚、明明白白，那就是让产品自己说话。

让产品先接近客户，让产品做无声的介绍，让产品默默地推销自己，这是产品接近法的最大优点。例如，服装的珠宝饰物营销员可以一言不发地把产品送到客户的手中，客户自然会看看货物，一旦客户产生兴趣，开口讲话，接近的目的便达到了。

运用产品接近客户时有如下应注意的事项：

（1）产品本身必须具有一定的吸引力，能够引起客户的注意和兴趣，这样才能达到接近客户的目的。在客户看来毫无特色、毫无魅力的一般商品，不宜单独使用产品接近法。在实际营销工作中，不同的客户会注意不同的方面，会有各自不同的兴趣。有人关心产品的技术指标和性能，有人看造型和色彩。正如人们所说：内行看门道，外行看热闹。因此，营销员应发挥产品优势，选用适当的接近方法。

（2）产品本身必须质地优良，经得起客户反复接触，不易损坏或变质。营销员应准备一些专用的供客户接近试用的产品，平时注意加以保养，以免在客户操作时出毛病，影响营销效果。

（3）产品本身必须精美轻巧，便于营销员访问携带，也便于客户操作。

笨重的庞然大物、不便携带的产品不宜使用产品接近法。例如重型机床营销员、房地产营销员、推土机营销员就不好利用产品接近法。但是，营销员可以利用产品模型、产品图片等作为媒介接近客户。

（4）营销的必须是有形的实物产品，可以直接作用于客户的感官。看不见、摸不着的无形产品或劳务，不能使用产品接近法，如理发、洗澡、人寿保险、旅游服务、电影入场券等都无法利用产品接近法。

6. 让疑虑层层消除，销售也是一个解决矛盾的过程

你剥过笋吗？

一层包裹着一层，然后你再一层一层地把它剥开。

征服客户，就如同剥笋。不把疑虑除去你就很难征服客户的心。

但消除别人的疑虑并不是一件容易的事，需要一点一点地层层递进、穷追不舍，把道理讲明白、讲透彻，这就是层层剥笋的方法。

一位电子产品营销员在推销产品时，与顾客进行了这样一番对话：

营销员：“您孩子快上中学了吧？”

顾客愣了一下：“对呀。”

营销员：“中学是最需要开启智力的时候，您是不是很想提高孩子的智力？

顾客：“是啊，不过还不知道怎样做才有效。”

营销员：“我这儿有一些游戏软盘，对您孩子的智力提高一定有益。你肯定认为给孩子买游戏盘会耽误她的学习是吧？”

顾客：“呵呵，是这么想的。”

营销员：“我的这个游戏卡是专门为中学生设计的，它是数学、英语结合在一块儿的智力游戏，绝不是一般的游戏卡。”

顾客开始犹豫。

营销员接着说：“现在是一个知识爆炸的时代，不再像我们以前那样一味

从书本上学知识了。现代的知识是要通过现代的方式学的。您不要固执地以为游戏卡是害孩子的，游戏卡现在已经成了孩子的重要学习工具了。”

接着，营销员从包里取出一张磁卡递给顾客，说：“这就是新式的游戏卡，来，咱们试一下。”

果然，顾客被吸引住了。

营销员趁热打铁：“现在的孩子真幸福，一生下来就处在一个良好的环境中，家长们为了孩子的全面发展，往往在所不惜。我去过的好几家都买了这种游戏卡，家长们都很高兴能有这样有助于孩子的产品，还希望以后有更多的系列产品呢。”

顾客已明显地动了购买心。

营销员：“这种游戏卡是给孩子的最佳礼物！孩子一定会高兴的！您想不想要一个呢？”

结果是，顾客心甘情愿地购买了几张游戏软盘。

在这里，营销员巧妙地运用了询问的艺术，一步一步，循循善诱，激发了顾客的购买欲望，使其产生了拥有这种商品的感情冲动，促使并引导顾客采取了购买行动。这位营业员够专业吧？

人的思想是复杂的，对某一事物不理解、想不通，往往就会疑虑重重，这就需要你据情释疑，把道理说透。学会用语言“剥笋”，你就可以征服客户于口齿之间了。

7. 让注意立时唤起，第一时间吸引顾客目光

面谈是整个推销工作的核心部分，事关推销工作的成败，因此，在进行相对来说比较复杂枯燥的专业知识介绍之前，你就应先将客户的注意力吸引过来，而后再牢牢地抓住它。

注意是人的一种复杂的心理现象，它是心理活动对客观事物的指向和集中。注意是人的大脑活动处于一种兴奋状态，是各种感觉、知觉、记忆、思维

等多种活动的综合表现。任何人的购买活动都是以注意作为第一步开始的。如何才能引起顾客的注意呢？下面一些方法会对你的推销工作有所帮助。

（1）抓好开头语

为了吸引顾客的注意力，在面对面的推销访问中，说好第一句话是十分重要的。开场白的好坏，几乎可以决定一次推销访问的成败。换言之，好的开场白就是推销成功的一半。专家们在研究推销心理时发现，洽谈中的顾客在刚开始的30秒钟所获得的刺激信号，一般比以后十分钟里所获得的要深刻得多。在不少情况下，推销员对自己的第一句话处理得往往不够理想，有时废话太多，根本没有什么作用。

比如人们习惯用的一些与推销无关的开场白："很抱歉，打搅您了，我……""哟，几日不见，您又发福啦！""您早呀，大清早到哪儿去呀？""您不想买些什么回去吗？"在聆听第一句话时，顾客集中注意力而获得的只是一些杂乱琐碎的信息刺激，一旦开局失利，接下来展开推销活动必然会困难重重。

开始即抓住顾客注意力的一个简单办法是去掉空泛的言辞和一些多余的寒暄。为了防止顾客走神或考虑其他问题，在推销的开场白上要多动些脑筋，开始几句话必须是十分重要而非讲不可的，表述时必须生动有力、句子简练、声调略高、语速适中。讲话时，要目视对方双眼，面带微笑，表现出自信而谦逊、热情而自然的态度，切不可拖泥带水、支支吾吾。一些推销员认为，一开场就使顾客了解自己的利益所在是吸引对方注意力的一个有效思路。比如：

"您知道一年只花几块钱就可以防止火灾、水灾和失窃吗？"顾客表现出很想得知详细介绍的样子，于是推销员又赶紧补上一句："您有兴趣参加我们公司的保险吗？我这儿有20多个险种可供选择。"

又如，某叉车厂推销员问搬运公司管理人员："您希望缩短货物搬运时间，为公司增加两成利润吗？"

对方一听，马上对上门访问的推销员表现出极大热情。

在上述两例中，如果推销员直截了当地问对方，是否需要参加保险，是否想购买叉车，而不是以问话的形式揭示保险、叉车带来的好处，推销效果显然会差一些。

在开场白中，推销员可以开门见山地告诉顾客，揭示你可以使对方获得哪些具体利益，如："王厂长，安装这部电脑，一年内将使贵厂节约15万元开支。"

"胡经理，我告诉您贵公司提高产品合格率的具体办法……"

这样的开场白肯定能够让顾客放下手头工作，倾听推销员的宣传介绍。

（2）出奇言

推销员上门访问时出其不意地讲一句话，往往能一下子抓住顾客的注意力。一位远道而来的推销商与客户洽谈交易时，为了吸引对方的注意力，他很喜欢用这样一句话来开始介绍他所推销的产品："说真的，我一提起它，也许您会不耐烦而把我赶走的。"这时顾客自然会作出如下反应："噢？为什么呢？照直说吧！"

不用多说，对方的注意力已经一下子集中到推销商以下要讲的话题上。

出奇言时，要掌握好时机、对象和语言的分寸，千万不要危言耸听，俏皮话也应少讲。可惜，有些推销员恰恰忘记了这一点，即使达到唤起注意的目的，也没有好戏再唱下去。

如有一位初学推销的年轻人在卖帽子时试图出奇言而制胜，不管对方是谁，劈头就说："老兄，瞧您这头发，稀稀拉拉的剩下几根，买一顶帽子戴上吧。"结果可想而知，他的推销努力失败了。

（3）引旁证

在香港，一家著名的保险公司推销经纪人常常在自己的老主顾中挑选一些合作者，一旦确定了推销对象，公司征得该对象的好友某某先生的同意，上门访问时他这样对顾客说："某某先生经常在我面前提到您呢！"对方肯定想知道到底说了些什么，愿意听这位经纪人讲下去。这样，推销双方便有了进一步商讨洽谈的机会。在唤起注意方面，推销员广泛引用旁证往往能收到很好的效果。

引用旁证时，推销员还可以引用一些社会新闻。谈论旁证材料和社会新闻时，首先应以新见长，最新消息、最新商品、最新式样、最新热点都具有吸引注意的凝聚能力。这种方法不大适用于匆匆而过的顾客，但对于一些老主顾，诸如住宿旅客、闲逸游人、洽谈对手、办公室人员却有着相当的作用。尤其是谈到竞争对手的新闻时，大可不必评头品足大发议论，因为买方和卖方看待问题的角度是不尽相同的。对卖方代表来说，别人的货不好，我的货自然比别人强；可是买方代表认为，别人的东西不好，你推销的东西也不一定是好的。既然如此，损人夸己式的谈论于推销无益。正确的做法是在客户面前多谈少评，客观公正。

（4）说话时，最重要的时刻是最初的十秒钟

因为这十秒钟就能决定一切了。精神散漫者及显示无兴趣者，他们情绪开始浮动也是在此刻；而想要让对方集中精神，引起他们的兴趣，也是此刻。

在最初的十秒钟要引起对方的兴趣，抓住对方的心，他们便能专心听你以后的介绍了。

8. 让介绍精确到位，学会让数字说话

有一次拿破仑检阅军队，按照惯例，指挥官跑到拿破仑跟前，以非常清晰的口齿报告：“报告将军。本部已全部集合完毕。本部官兵应到三千四百四十四人，实到三千四百三十八人。请你检阅。”

拿破仑非常满意地点点头，说：“很好。”然后又回头对他的参谋说：“记住这个指挥官的名字，数字记得这么准确的人应该受到重用。你们以后也得向他学习，给我汇报时尽量用精确的数字说话。不要用大概、可能、也许、差不多这样的话。”

这位博得拿破仑好感的指挥官，干脆利落地说出了部队官兵应到实到的人数，显得非常专业和细致。用数字说话，既显得专业，又能给人以最基本的信任感。

××销售员：“您好，请问王经理在吗？”

王经理：“我就是，您是哪位？”

××销售员：“我是××公司打印机客户服务部××，我这里有您的资料记录，你们公司去年购买的××公司打印机，对吗？”

王经理：“哦，是，对呀！”

××销售员：“保修期已经过去了7个月，不知道现在打印机使用的情况如何？”

王经理：“好像你们来维修过一次，后来就没有问题了。”

××销售员：“太好了。我给您打电话的目的是，这个型号的机器已经不再生产了，以后的配件也比较昂贵，提醒您在使用时要尽量按照操作规程，您在使用时阅读过使用手册吗？”

王经理：“没有呀，不会这样复杂吧？还要阅读使用手册？”

××销售员：“其实，还是有必要的，实在不阅读也是可以的，但寿命就会降低。”

王经理：“我们也没有指望用一辈子，不过，最近业务还是比较多，如果坏了怎么办呢？”

××销售员：“没有关系，我们还是会上门维修的，虽然收取一定的费用，但比购买一台全新的还是便宜的。”

王经理：“对了，现在再买一台全新的打印机什么价格？”

××销售员：“要看您想要什么型号的，您现在使用的是××公司3800，后续的升级的产品是5800，不过完全要看一个月大约打印多少张正常的A4纸。”

王经理：“最近的量开始大起来了，有的时候超过10000张了。”

××销售员：“要是这样，我还真要建议您考虑5800了，5800的建议使用量是一个月A4正常纸张15000张，而3800的建议月纸张是10000张，如果超过了会严重影响打印机的寿命。”

王经理：“你能否给我留一个电话号码，年底我可能考虑再买一台，也许就是后续产品。”

××销售员：“我的电话号码是8520××××转123。我查看一下，对了，你是老客户，年底还有一些特殊的照顾，不知道你何时可以确定要购买，也许我可以将一些好的政策给你保留一下。”

王经理："什么照顾？"

××销售员："5800型号的，渠道销售价格是10100元，如果作为3800的使用者，购买的话，可以按照8折来处理，或者赠送一些您需要的外设，主要看您的具体需要。这样吧，您考虑一下，然后再联系我。"

王经理："等一下，这样我要计算一下，我在另外一个地方的办公室添加一台打印机会方便营销部的人，这样吧，基本上就确定了，是你送货还是我们来取？"

××销售员："都可以，如果您不方便，还是我们送过去吧，以前也去过，很容易找到的。您看送到哪里，什么时间好？"

…………

后面的对话就是具体地落实交货的地点、时间等事宜了，这个销售人员只是打了一个电话，用了大约30分钟，就完成了一台打印机的销售。在这段对话中，销售员在介绍打印机时，没有离开过数字，以非常专业的角度为客户介绍新的打印机，并提示公司的优惠政策，成功是非常自然的事。

美国口才大王卡内基的一次经历，也可以作为典范。他是这样请求一家旅馆经理打消增加租金的念头的：

卡内基每季度均要花费1000美元，在纽约的某家大旅馆租用大礼堂20个晚上，用以讲授社交训练课程。

有一季度，卡内基刚开始授课时，忽然接到通知，要他付比原来多3倍的租金。而这个消息到来以前，入场券已经印好，而且早已发出去了，其他准备开课的事宜都已办妥。怎样才能交涉成功呢？他们感兴趣的是他们想要的东西。经过仔细考虑，两天以后，卡内基去找经理。

卡内基对经理说："我接到你们的通知时，有点震惊。不过这不怪你。假如我处在你的地位，或许也会写出同样的通知。你是这家旅馆的经理，你的责任是让旅馆尽可能地多盈利。你不这么做的话，你的经理职位就难保住，也不应该保得住。假如你坚持要增加租金，那么让我们来合计一下，这样对你有利还是不利。"

“先讲有利的一面。”卡内基说，“大礼堂不出租给讲课的而是出租给办舞会、晚会的，那你可以获大利了。因为举行这类活动的时间不长，每天一次，每次可以付200美元，20晚就是4000美元，哦！租给我，显然你吃大亏了。”

“现在，来考虑一下‘不利’的一面。首先，你增加我的租金，也是降低了收入。因为实际上等于你把我撵跑了。由于我付不起你所要的租金，我势必再找别的地方举办训练班。”

“还有一件对你不利的事实。这个训练班将吸引成千的有文化、受过教育的中上层管理人员到你的旅馆来听课，对你来说，这难道不是起了不花钱的广告作用了吗？事实上，假如你花5000美元在报纸上登广告，你也不可能邀请到这么多人亲自到你的旅馆来参观，可我的训练班给你邀请来了。这难道不合算吗？请仔细考虑后再答复我。”讲完后，卡内基告辞了。当然，最后经理让步了。

卡内基之所以获得了成功，是因为他站在经理的角度上想问题，把增加租金与保持租金的好处用数字一个个清楚地表达了出来。

第十二章

谈判

磋商必备的销售口才

在销售中，经常看到往往因一句话而毁了一笔业务的现象，如果能避免失言，销售员的业绩肯定会百尺竿头，更进一步。在重要场合的谈判中，作为一名优秀的销售员，更是要慎言慎行，一不小心，就会毁了整个销售。

1. 有意识地训练自己的说服力

说服力是后天不断学习、不断训练的结果，和天赋之类的东西没有什么关系，只要你有实现目标的勃勃雄心，持之以恒地训练自己，就一定能成为舌灿莲花的说服高手！

古希腊著名的演说家德摩斯梯尼，因小时口吃、说话气短，而且爱耸肩，所以登台演讲时，声音浑浊、发音不准，常常被雄辩的对手所压倒。但他毫不气馁，为了克服自己的弱点，战胜雄辩的对手，他每天口含石子，面朝大海朗诵；为了克服气短，他一面攀登陡坡，一面吟诗；甚至悬起两把剑来改正自己爱耸肩的毛病。不管春夏秋冬、雨雪风霜，数十年如一日，终于成为全希腊最有名气的演讲家、雄辩家。

这是一个很有说服力的例子，由此可见，雄辩的口才、强大的说服力并不是天生的，而是后天训练的结果。只要你有恒心，你也能成功。

前人的案例已经向我们明确地说明了后天训练对大脑和气质改造的强大威力，那么作为业务员我们从中会受到什么启发呢？我们应该怎么做，才能像无数的前辈一样出类拔萃呢？

尽管某位客户目前下的订单并不大，但是你能在业务工作中不只想着自己的佣金会有多少，而是你的工作能为客户带来多少利润吗？这位客户的利润升值空间还有多大？他在其他方面还有什么需求？尤其是广告、通讯、电力、地产、电脑等行业，其客户可能是各行各业都有，所以你的业务范围还可以拓展到客户的其他需要上。

这样你和客户的关系更为紧密，客户对你的依赖性也越来越大，你的生意不是也水涨船高，越做越红火吗？如果客户是做服装的，众所周知，服装行业是个暴利行业，而且中国的服装在国际上的销路也很好。但是近年来竞争激烈，工厂和商家遍地开花，加上服装本身特有的季节性和流行性，其销售上也是要受到一定限制的，所以你大可以发挥你的策划能力，在重大节日、突发事件、定期服装展销会上做文章，为商家出谋划策，如果能拉来名人做宣传的话效果会更好。

业务员要让自己更有说服力，一个很重要的条件，就是必须对自己的产品和服务充满绝对的信心。换句话说，你要说服客户，就得把你的信心传递给客户，让客户确信你的产品对他们有好处。如果你本身都缺乏信心，又拿什么说服客户呢?

除了信心之外，为了增强自己的说服力，业务员还需要一些道具或者说视觉辅助工具。你本人的感染力，再加上道具的刺激，会给客户留下深刻的印象。

比如说，你是一名房地产业务员，要说服客户购买你的房子。这时候，你可以使用的辅助工具有：看房子的时候为客户准备的饮料、果汁等有“附加价值”作用的东西。这是一种比较有趣的方法，客户在喝完你的饮料之后，会对房子的布局、环境更有认同感。

再比如，你是一名汽车业务员，要将一辆很酷的跑车卖给年轻人。你可以使用的“道具”有：让他戴上赛车手套，找找感觉；或者安排一位年轻性感的美女站在人行道上大喊：“哇，你开这车好有性格。”

同样道理，如果你是一名保险业务员，你可以准备一套车祸残骸的照片，必要的时候拿给客户看。这样一来，就比较有说服力了。

作为一名优秀的业务员，其内在的精神气质决定着面对客户的说服能力的强弱。在日常工作生活中，你可以有意识地训练自己的“第二天性”。除练就一副金口才以外，还要炼化自己的气质，这就需要从你的思想境界上来着手。

（1）你要培养说服别人的野心

要志存高远，有职业野心，仿佛微软公司总裁的位子就是为你预备的，你现在只不过是一步步向它走近而已，而先苦后甜也是每一个卓越人士的必经之路。你也可以拿苏秦“锥刺骨”的精神来激励自己——你也能像苏秦一样靠一张嘴说服天下。

（2）要注意自己的仪表

一个人的精神气质虽然是由内而外的，但外在表现也必不可少。当你的服装仪表与内在气质配合得天衣无缝时，就会为自己树立起一个成功的形象，从而增加客户的信任感。否则，邋遢的形象只会惹人反感。

英国某镇内有一位艺术家，常因一些地方问题到镇议会去控诉。他去时常穿一件油渍斑斑的工作服，胡子也不刮。因为他从来看不起那些以衣冠整齐来取悦于人的人，认为一个人只要有头脑，别人就会听取他的意见，穿着好坏无关紧要。

可事实是，年复一年，照样没人理会他。

心理学家塞肯曾召集了68名学生志愿者，吩咐他们每人跟四位行人谈话，请求他们支持一个反对校内早餐供应肉类的团体。在跟行人接触前，研究人员对每位志愿者的各种情况，如外表是否漂亮，口齿是否伶俐，能否令人信赖，能否说服人以及智力高低等等，都做了鉴定。结果发现，在相同条件下，外表漂亮者一般比不大漂亮者更为成功。

（3）通过读书来陶冶身心

平时要多看介绍世界经商名人的书籍，学习他们的管理方法、投资技巧、经商之道；还可以看经典的励志书，比如《最伟大的推销员》；如果你看过《孙子兵法》和日本宫本五藏的《五轮书》更好。

（4）要磨砺自己的心志，强化持之以恒的精神

世上学道之人如过江之鲫，得道者却凤毛麟角，原因是大多数人定力不够。这个世界上的诱惑和我们自身的弱点太多，太难以克服，正如《后西游记》中造化小儿擒拿齐天小圣的魔圈一样，名利圈套不住你，美色圈套不住你，贪恋嗔痴套不住你，骄傲圈却能套得住你，总有一个你无法超越的圈子套得住你！

2．克服不良习性，保持清明的头脑

要成为一名顶尖的业务员，一定要想办法克服在日常生活和业务工作中的浮躁、贪婪、急于求成、唯利是图、目光短浅、恐惧、懦弱等不良习性。

唯有如此，你才能拥有坚强的心志。

当你独自一个人，手里提着公文包，站在繁华的大街上，人流如织、车流如梭，刺目的阳光让你眼前一片模糊，而你却不知该何去何从；你心里很急躁，想马上出发，可是实在想不出去哪里，只能待在原地。此时在你的耳边响起的或许是许巍的《那一年》，而不是崔健的《假行僧》吧？

当你在晦暗的夜晚，行走在万家灯火的小区里，殚精竭虑，为了拿到一个订单而奔波，不知道哪一扇紧闭的窗户会为自己而打开，是不是感觉到迷茫绝望？是不是会虔诚地默默祈祷呢？

当你和客户谈判时，是不是心里紧张万分，既生怕客户跑掉，又担心自己的谈判技巧不够好，因此心里惴惴不安呢？

当你拿下了一个大单，却遏制不住自己的贪欲，起了做私单拿更大利润的念头呢？情与法是不是在你的脑海里已经萦绕了无数次呢？“为什么我辛辛苦苦，却只得了这么一点，他们在公司里坐享其成，有什么理由比我拿得多呢？”

当你在公司的业务干得风生水起，却有职业猎头盯上了你，因此暗地里请你吃饭的人更多了，聘请你的单位也有一打，而且人家给你开出的条件也很诱人，你不禁也有些心动，认为自己在哪里都会有一番事业的，而就在此时，公司高层也好像隐约感觉到了什么，你最近被单独召见的次数也无形中增多了，你心里不免有些得意也有些忐忑。现在处在风口浪尖上的你，是去还是留呢？

也许你在职业生涯中遭遇的远比这里所列出的复杂，但是无论你遭遇了什么，都不要失去清明的心志，知道自己该取什么该舍什么的人才是最有头脑的人。

3．增加说服的真诚度

无论是要说服客户，还是在交谈中想让别人相信你，对你的话感兴趣，首先要强调的就是真诚。也就是说，不仅是用嘴，还要用“心”去说话。

公司要与客户进行一次十分重要的业务谈判，有个刚参加工作的业务员被选出来成为谈判团的一员。为了能顺利说服客户，谈判团进行了反复演练。

在业务谈判开始的第一天晚上，老板把那位新来的业务员喊到办公室里责骂："本公司有史以来还没有一个业务员比你更差劲！"

业务员替自己辩解道："既然这样，干嘛还挑我参加谈判团？"

老板答道："因为你会思考，而不是你会讲。但是光靠思考是不够的！现在，你把明天要说服客户的话，再重新演练一遍，看看问题出在哪里？"

他把一段话反反复复地说了一个钟头，最后，老板问："看出其中的错误了吧？"

"没有。"

于是，老板让他再来一个半钟头，两个钟头，两个半钟头。最后，他精疲力竭。

老板问："还看不出错在哪里吗？"

他说："看出来了，我没有诚意，我根本心不在焉，我说的话缺乏真情实感。"

就这样，他上了最难忘的一课，把自己融入了说话之中。从那个时候起，他就开始对自己所讲的话题热心起来。这时，严厉的老板才说："现在你可以去说服客户了！"

"真诚"是一种主观感受。也就是说，对方认为你是真诚的就行了，哪怕你在睁着眼说假话。换言之，说话的内容未必是真实的，但是参与语言行为的人认为是真实的就可以了。

此外，发自心灵的声音，还必须有声有色，妙语连珠。

为了使交谈取得良好的效果，应该注意语言的选择、加工和提炼，力求做到准确、生动、形象，说着顺口，听着悦耳。同时，还应注意语言的更新，不断地把生活中富有生命力和表现力的语言引进自己的言语之中，给人以清新之感。

如果颠来倒去，就那么几句老掉牙的话，词汇贫乏、语言无味，既不形象生动，也不新鲜活泼，怎么能产生感人的力量呢？又怎么能很快地进入角色呢？只有语言充满感情，才能长时间地留在人们的记忆里。

纯粹的理论和枯燥的说教，是没有多少说服力的。要想说服客户，必须配合生动的例子，二者缺一不可。同时，与客户交流的时候，举些例子也可以帮助自己理顺思路，这样做的好处是很明显的。

（1）你能够从苦苦思索下一句话的困境中解脱出来。这是因为，最容易复述的就是经验，就是例子。在与客户交流时，这种情况也是不会改变的。

（2）举一些例子，能够有效地把你逐步带进角色。实践证明，往往你的例子还没有讲完，你的紧张情绪就已经消失了，并且你已经为进入主题找到了机会。这种方法是经验丰富的高手经常采用的。

（3）例子形象，最容易获得客户的注意。

4. 让你的话更有煽动性

大凡成功的说服，都有一个共同的特点，那就是直入人心，能够引起客户的共鸣。而要想做到这一点，业务员的语言必须具有很强的煽动性才行。否则，如果你的话太平淡，听众是不会被打动的。比如，我们常见那些失败的业务员，他们总是在重复别人的观点，空话、套话连篇，却很少表达真情实感。也就是说，他们不愿用自己的声音说自己的话！

很多领导人物的讲话，堪称煽动性的典范。

第二次世界大战时期，德、意、日疯狂肆虐，英国面临国土沦丧的危险。时任英国首相的丘吉尔临危不惧，向民众发表了一次著名的演讲，他这样说道：

“我们决不投降，决不屈服，我们一定要战斗到底！我们将在法国作战，我们将在海上和大洋上作战，我们将不惜任何代价保卫我们的本土。我们将在海滩上作战，在陆地作战，在田野作战，在山区作战。我们宁愿让伦敦在地球上毁灭，也决不投降！……”

这段讲话极大地鼓舞了英国人民的斗志，很快传播到各个反法西斯战场。据丘吉尔的秘书说，口授演讲稿时，这位年近古稀的首相“像小孩一样，哭得涕泪横流”。这篇演讲没有高深的理论，更没有华丽的辞藻，但它炽热的爱国热情感人至深。澳大利亚前总理孟席斯评论道：“丘吉尔懂得，作为演讲，要想感动别人，首先要感动自己。”

在说服中，对感情的利用和控制，需要注意以下几点：

（1）讲者不动情，听者不动心

情绪不到位不开讲，要尽快进入演讲的内容情境，此所谓“未成曲调先有情”。但是，感情应是自然的流露，切不要“挤情”“造情”“煽情”。

（2）感情传导重在和谐

说服的整个过程不宜大起大落，要在一个统一的基调中有起有伏，形成一个协调的整体。

（3）掌握分寸，注意感情的“流量”

过度的宣泄会“陷入感情”而难以自拔，所以不可信马由缰。要把持住感情的“阀门”，含蓄一些，宁可“收”一点，而不宜放纵。

5．婉转的说服技巧

在说服客户时，不一定总是直来直去，有时候更需要婉转一些。因为有些事情直来直去可能会伤害双方的感情，这时便应该采用婉转的说法。毕竟，说服的目的是达成交易，进行合作，而不是为了吵架。

俗话说“和气生财”，婉转的语言向来是生意场上的制胜法宝。

古代时，有个地方新开一家理发店，门前贴出一副对联：

磨砺以须，问天下头颅几许？

及锋而试，看老夫手段如何！

这副对联论文句妙则妙矣，但实在可怕——磨刀霍霍，杀气腾腾，令人毛骨悚然。这家理发店因而门庭冷落。

另有一家理发店，也贴出了一副对联：

相逢尽是弹冠客，

此去应无搔首人。

“弹冠”取自“弹冠相庆”，含准备做官之意，上联又正合理发人进门脱帽弹冠。“搔首”，愁也。“应无搔首人”，即人皆心情舒畅，这里又指头发理得干净，人感觉舒适。吉祥之意与理发技艺巧妙结合，语意委婉含蓄。

这家理发店自然生意兴隆。

也许你会问，如果不婉转，那会怎么样？

试看下面几个例子：

· 父亲走到孩子的房间，说："这地方看起来像个猪窝！"

· 太太对丈夫说："你把我的话当耳边风！你不会学学把碟子放进水池之前，先把剩菜倒掉吗？"

· 一位母亲向孩子吼道："你放的音乐太响了，邻居都被吵昏了头！"

· 一位上司对下属说："你对这些资料的分析，特别是费用计算的方式全都错了！"

这种说话方式，因为不顾及对方的自尊心，即使内容正确，无形中也会影响说服力。要消除这种问题也不复杂，那就是把话说得婉转一点、客气一点，对方就容易接受了。

就上面几个例子而言，经改变后可以成为下面的说法：

· "每次看到这个房间没有收拾干净，我就替你难受。"

· "如果把碟子的剩菜先倒干净再洗，我可以省一半的时间。"

· "声音太大打扰了我的安宁，我难以习惯。"

· "我的分析和你的有所不同，我是这样计算的……"

这样说话，是不是感觉好多了，也不那么刺耳了呢？那么，在说服过程中，怎样说话才显得更委婉呢？下面举例说明：

说客户在"耍阴谋"或"耍心眼儿"，就不如说对方"不够明智"。

尽量避免说："我要证实你的错误。"这句话等于说："我比你聪明，我要使你明白。"这等于是一种挑战，会引起对方的反感。

即使对方真的错了，而你又非要说出来不可，不妨这样说："不过，我有另一种看法，但不见得对，还是让事实说话吧。"或者说："我也许不对，还是让事实说话吧。"

即使你认为，自己的看法绝对正确，也要避免用太肯定的字眼。例如"当然""无疑"等等，这会显得你很自负。要改用"我想……""我认为……""可能如此……""目前也许……"等等。

6. 说服力的关键：先声夺人

有道是“先发制人，后发制于人”，说服客户一定要抓住先机，争取主动。如果能抢在客户准备好拒绝的理由之前，先向对方发动进攻，往往能使对方措手不及，使其心理失衡，自乱阵脚。同时，说服时一定要做到有理有据，在情、理上都要使客户信服。

要做到这一点，见机要快，反应要迅速。

没有经过专门训练、不够老练的业务员，在与客户交流时往往不能处理好应答与提问的关系：或是只答不问，被对方牵着鼻子走，即先用完了自己的时间，又缺乏对客户的说服力；或是只问不答，提出的问题越来越弱，最后丧失说服力，给客户以质疑的机会。这些，都是说服失败的原因所在。

因此，只有有问有答、问答结合，才能使你牢牢掌握主动权。

另外，在说服客户时要拣对方最薄弱的环节抢先进攻，力求先发制人。取得优势后，乘胜进入下一回合，积小胜为大胜；陷入劣势时，及时转入对己方有利的阵地，并实施反攻；处于胶着状态时不纠缠，跳出来将话题拉向一个更高的层次，从而给人一种感觉：似乎你牢牢掌握了主动权，新的话头总由你挑起，你挑到哪里，客户就跟到哪里，全场牵着对方的鼻子走。

先发制人还要求我们在说服客户的同时，预测客户可能提出的疑问，并使之失去作用，从而使对方无言以对，心服口服。

7. 从分歧中了解客户的需求

要做生意，却不知道客户购买或不购买的原因，就好像是蒙着眼睛在靶场射击一样。假如你开枪的次数够多（也就是说假如你拜访客户的次数够多），你一定会有射中的机会，但是想成为神射手的话，又谈何容易。

在美国，每年花在市场调查上的经费超过了十亿。做这样的研究的目的只有一个：发掘一般人的购买需求，以及他们购买的原因。随着我国经济的飞速发展，国内这样专门的调查机构也如雨后春笋般成长起来，而且还在起着积极作用。公司之所以愿意花这么多的钱做市场研究的主因就是希望产品或服务的广告设计能够更有效地迎合客户的真正需求。这样他们就可以裁减那些不能刺激业绩增加的广告及促销经费。

要成为顶尖的专业人员，必须自己去做市场研究，必须花时间去了解别人购买你的产品或服务的原因。同时，也必须发掘为什么别人不向你购买，而是向你竞争对手购买的理由。你做市场调查的理由和一般大公司做市场研究的理由没有差别，都是为了让自己花更多的时间在那些能够及早做购买决定，能够向你购买更多产品或服务，更能够把你推荐给其他潜在客户的好客户身上。

不要害怕去追根究底，这是一件很重要的事。了解成功和失败的原因是你改善的关键所在。大部分的人都会因为害怕被拒绝或否定，或害怕被批评，而停滞不前。因此，他们就会尽量避免问客户或潜在客户很直接的问题。你的焦点应该是要让自己的能力发挥到极致，要做到这样，就必须从别人那里了解你真正的表现程度。也就是要从对方不同的观点里去了解对方，解决你们理解上的分歧、异议。

在处理异议之前，要先自行模拟可能的异议有哪些，做事先演练，思索怎样回答才会让对方信服、满意。

销售人员在面对潜在客户对于价格上的异议时，可简单地告知“一分价钱一分货”而且服务是不打折扣的，并举例强调品质的重要性。也可告知对方，以他的身份、地位、气质、品位购买这样品质的商品与他是如何的相称，例举别的客户购买后又再回来追加购买的事实。

当人们关心你的产品，而又拿不定主意是买还是不买时，他们就会提出一些异议，销售员可以把这些异议解释为肯定的购买信号，如果处理得当，成交就很有希望。

例如，客户已经有了一套完备的计算机系统，如果他和你成交的话，再买下你的，他就需要多付一笔费用，所以他会说：“也许我应该继续使用现有的系统，这样可以节约一笔不必要的开支。”他的实际意思是想跟你确认，买下你的系统能不能给他带来好处。要是他只是说：“我还是用我现有的好了。”

那就说明他根本没有把你说的话听进去。除非你能做些试探，套出他的真正意图，否则成交的机会很可能微乎其微。

客户这样说："我并不觉得这个价钱就表示一分价钱一分货。"实际上他是在告诉你：你要证明给我看你的产品是物有所值的，甚至物超所值。

"我从来没有听说过你们这家公司呀。"则是：我愿意买你的产品，但我更想知道你公司的情况，信誉和质量是否都有保障？

"这个尺寸恐怕不适合我。"则是：你能证明它穿在我身上是合适的吗？

"我不想买什么，只是随便看看。"则是：我没有特别想买的，但是也没说什么都不买，你要是能说服我，我就买，否则，我就只是随便看看了。

"我正在减少开支，所以不想买任何新产品。"则是：除非你能使我确信你的产品真是我需要的东西，我才可能掏钱来买。

有时，那些反对意见里就潜藏着客户渴望了解更多信息的意愿。而这正是他们向你微妙地传达他们对产品有兴趣的表现。但是，很多销售员却因此泄了气，放弃努力，转而去做另一次销售。

当有人说他不想买你的产品的原因时，他其实是在表达一种意愿，希望知道他为什么要买的理由。对这种类型的异议，要持欢迎的态度，因为这表示那些客户都在认真对待问题。如果一位客户只是一味地聆听而一言不发，那么，你想对他销售什么也同样困难得多。

还有一类最难对付，因为他们并不对某一个具体的东西表示反对，他们只会不断摇头，说一些否定的话，如"我没兴趣""我不喜欢"或者"我不想买"。在这种情况下，销售很难进行下去，他们完全不在乎产品的质量和价值，也不需要你的任何解释。

最理想的客户是能明确地向你解释为什么倾向于使用现有的产品的人。例如，他说："××公司有一套很好的服务体系，无论什么时候出现问题，他们都会在24小时内做出答复。"

了解了他的异议后，你就可以集中注意力处理他的异议，设法使他相信你的公司能提供给他更好的售后服务，能够缩短维修服务时间，因为你们能保证在接到请求后立刻就能给予答复。

如果客户已从现有的渠道得到了优质的服务，那么你要得到他们的定单会更困难一些。一般来说，人们都非常相信并且愿意忠诚于那些曾为他们提供高质量服务的业务员和公司。

一位股民对一位股票经纪人说："我对我现在的经纪人很满意。她替我赚了不少钱，而且服务也很周到。另外，她还是我的一位好朋友。"

即使在这种情况下，客户的这番话也并非意味着你没有一点协商的空间和机会。你可以这样回答他："很高兴得知您最近财运不错。能听到这个好消息总是一件让人愉快的事，但是我相信您一定会同意无论多么优秀的股票经纪人都不能垄断好的建议。所以，请允许我和您保持联系，我会在适当的时候给您打电话。我想您不会介意的，对吧？"

8. 向客户描绘购买产品的好处

销售的本质在于帮助客户解决他的问题。如果你见到客户时满脑子都是你的产品，它是多么优秀，它有多少优点，只要你告诉他他就一定会兴趣盎然并进行购买，那么你所面临的后果是灾难性的。你的产品如果没有与用途、价值或服务等相关的好处，客户是不会购买你的产品的。

客户产生欲望并最终购买，是因为他面临问题，你热切地希望帮助他解决问题而不是热切地希望他早点付钱，你真诚地为他提供了你们共同认可的解决方案而不是强行诱惑他接受一个他认为与他无关的产品。

在销售中，你所销售的首先是问题（当然是你的产品可以解决的问题）而不是你产品的特征，否则客户会因为与他（的问题）无关而拒绝购买你的产品甚至不去关注你所提供的信息。

整个说服过程包括三个步骤：

首先，你要让客户意识到正面临的问题和机会；

其次，你要证明你所销售的商品能够帮助客户解决所面临问题的优越性；

最后，你要向客户描绘一幅远景，说明使用该产品或服务能带来的正面结果。

要想说服客户，销售人员就必须要让客户知道，购买这些产品或服务能够带给他们哪些好处，这些好处正是他们所需要的。这就要求销售人员必须首先明确，自己销售的产品或服务能够给客户带来怎样正中下怀的优势，而不仅仅是告诉客户产品具有的特征。

我们时常听到很多销售员一味地向客户背诵产品介绍、产品成分，质量有多棒，跟其他产品品质如何的不同。而他要听的不是这些，因为它对他来说一点意义都没有，他在想的是这个产品对他有什么好处？有哪些帮助呢？他要的是能满足他的需要、解决他问题的东西。

产品益处是指产品特征对客户的价值。比如，某项产品特征如何使客户的某种需求得到满足，或者某些特征可以改善客户处境等。介绍产品益处的方式如下例所示：

“这个产品目前市场很好，您马上订货，肯定会很好销，销售能很快上量，会赚到不少钱。”

“采用先进工艺制造的这款手表，无时无刻不在彰显您的品位。”

“这种电脑方便携带到任何地方，您无论是办公用还是出差用都相当轻便。”

销售人员针对客户的实际需求，强调所推销的产品给客户带来的种种好处，可以引起客户的注意和兴趣，客户就会被这些利益打动，至少他们会知道，这种产品是可以令自己的某些需求得到充分满足的，从而有助于销售目标的实现。

强调一点：说明产品益处时，必须针对客户的实际需求展开。如果销售代表提出的产品益处不符合客户的需要，那么这种产品的益处再大、再多也不会引起客户的购买兴趣。如：

某食品小厂的销售员来到一家高档社区超市，他向该超市的采购经理介绍说："您看我们这些小食品，绝对面对大众需要，价位相当低廉，包装也简单，什么人都买得起，放在你们这儿，一定会很受欢迎，绝对会销得很不错的。可以说这些小食品是目前市场上难得的真正物美价廉的好产品。"

该超市的采购经理耐心听完该销售员的介绍，看了看他带来的小食品，回答道："对不起，我们超市面对的消费者都是相当讲究生活质量的人群，而且我们一向都从实力雄厚的供应商那里直接采购那些品牌得到认可的商品。所以，我们不需要贵公司的这种价格低廉的产品。"

（1）说明产品益处的实用话术

如何向客户展示购买产品的好处？销售人员可以结合"说"与"做"两种方式。"说"即指用合适的语言向客户表述购买产品为其带来的好处，这时出色的表达方式就显得尤为重要；"做"即指通过实物或模型展示以及其他行动，向客户演示产品的用途或其他价值，这种方式适合小型商品的销售，或者在展会及公司进行销售时也可以采取这种方式。

无论销售人员以何种方式向客户展示购买产品的好处，通常情况下都要围绕着省钱、省时、高效、方便、舒适、安全、爱、关怀、成就感几方面展开。

这里我们主要介绍如何采用"说"的方式引起客户的购买兴趣。通常，销售人员在向客户说明产品益处时，会根据不同的客户需求采取不同的说明方法，例如：

"产品时尚的外观设计可以体现您超凡的品位。"

"产品先进的技术会给您创造巨大的效益。"

"高效的功能可以满足您的多种需求。"

"方便的使用方法为您节省了大量时间。"

"优异的品质会让您成为市场中的佼佼者。"

…………

一些销售专家还专门针对如何说明产品益处总结了如下有效句型，根据具体情况套用这些句型不失为一种既省时又省力的好方法。具体句型如下：

“会造就您……”

“会使您成为……”

“会把您引向……”

“会为您节省……”

“会为您创造……”

“可以满足您的……”

“使您更方便……”

“减少了您的……”

“增强了您的……”

“有利于您进一步……”

“帮助您改善……”

“提高了您……”

“免去了您的……”

“您更容易……”

“使您有可能……”

（2）将产品缺点化为有益客户的卖点

做销售是用不着说谎话的，但为化解客户的敌意或澄清对产品的误解，选择隐恶扬善的做法，只要对人无害是无伤大雅的。最高明的手法是化缺点为优点，实际作法是有特点，说特点；没特点，创造特点。

譬如，一位售楼小姐对两位企业公司的负责人推荐办公大楼就是以此法来进行的。

对想找更大办公室的老板，她想出租的大楼面积小算得上是缺点，她就说：

“……办公室太大，不但浪费租金，水电负担也重，地广人稀，人气不旺，财运就不旺，所以与其太大不如小一点，看起来热闹而温馨。根据经验，办公室小一点人际关系比较融洽和谐，比大而无当的公司沟通协调上有利多了，为了团队精神的培养……”

碰上嫌大的公司老板，办公室稍大当然是缺点，她又说：

“在过去，租我们这栋大楼的公司生意都好得不得了，虽然平米数稍大，但根据经验恐怕两个月之后你就嫌小了。住大一点的公司，气魄会愈来愈大，生意是往远处看的，否则何必搬迁？生意我认为应考虑两年后的发展环境，比较合算……”

可见，得体的话，你怎么说都不会违反事实。

不同的客户会看中商品的不同的卖点，一个优秀的销售员会以敏锐的眼光洞悉客户的内心更倾向于哪一点，从而采用不同的说词，向客户重点展示他所看重的那一功效。

9.13 大棘手问题实战经典话术全解析

技巧能帮助您提高效率，对异议把握住正确的态度，才能使您面对客户异议时能冷静、沉稳；能冷静、沉稳才能辨别异议的真伪，才能从异议中来发觉客户的需求，才能把异议转换成每一个销售机会。因此，销售人员要训练自己正确处理异议的技巧，不但要练习你的技巧，同时也要培养你面对客户异议的正确态度。在这个过程中方法很重要，以下介绍排除客户异义的几种成交法，不仅适用于消费者也适用于经销商：

（1）客户：我们店小，进不起高价货

客户可能真穷，需要企业给予一定的谅解和支持；也可能哭穷，希望企业压低价格，多给优惠政策，甚至希望企业免费铺货。因此，首先要分清客户说此话的真正目的，然后分别应对。

① 扶持法：

如果某客户真穷，但该客户经营思路清晰、有远见而且对我产品有浓厚的兴趣时，可以适当向该客户承诺一些能够兑现的资金援助和政策扶持；如果对此客户的发展不抱信心，那就干脆放弃此客户。

② 诱惑法

对于哭穷的客户，先旁敲侧击或实地考察一下他的公司，估算出其资金实力和利润；然后告诉客户，与其实力相当的某经销商经销本产品后，卖的如何如何好，不断要求加货；最后一定要强调经销机会难得。

（2）客户：价格太高了，向下铺货，别人不会接受

客户此言的目的在于以二批为借口向企业施压，希望得到更大的优惠。在很多情况下，我们通过和竞品比较的技巧说服了客户认同产品的价格，但是竞品在市场上已有一定的基础和销量，客户认为向下游客户推广我方产品难度太大，担心无法把市场做起来。

此时，我们要想办法加强客户的铺货信心。

① 拿其他产品说话法

告知客户一分价钱一分货，既然别家产品可以以同样的价格向下面铺货，我们同样可以按照正常的价格铺货，这也是确保客户在将来赚钱的必要手段。如果产品铺货价格过低，客户的利润也无法得到保证。公司对做得好的客户会给予年底返利、逐级奖励等。

② 支持跟进法

就公司运作市场的计划，与客户深度沟通，向客户说明公司不会把产品推给客户后就不管不问了，公司会为了打开市场进而占领市场，给客户一系列的支持，包括人力支持、促销支持、广告支持和市场运作思路支持等。告知客户企业会推出一定的促销和宣传政策，帮助客户向下面铺货。

注意不要向客户承诺没有的东西，这会给市场运作带来一系列不良后果，会让客户对公司失去信心。

（3）客户：经销高价产品无利可图

在销售中，对高价产品，客户常有这样的抱怨“产品价格这么高，我需要投入这么多资金，什么时候可以收回成本，什么时候可以赚到钱啊？”趋利是客户的天性，前期由于销量小、投入大，客户出现无利也是正常情况，但要让客户看到长远，看到光明。

① 后期利润多法

向客户说明企业在定价时已经考虑到客户的利润。客户可以通过产品差价赚钱；还可以通过走量，获得规模利润。要告诉客户本公司的规模实力、经营理念、背景等，打消客户疑虑，帮其树立信心。同时要给客户描述美好的合作前景，让客户相信自己前期的投入将在以后得到源源不断的回报。

② 额外利益法

告诉客户可以得到其他好处：比如企业会定期组织客户进行培训等，企业会给客户一定的年终返利提成、对市场运作好的客户给出国旅游的指标等。

③ 树形象法

告诉客户经营本产品，对于改善客户的产品结构、消费者层次，提升形象和品牌所能起到多么多么好的作用，能帮助客户上到一个好的台阶，是问鼎将来的无价资本。

（4）客户：你们的产品太贵了，消费者买不起啊！

相同的产品，客户有强烈的消费者意识。如果广大消费者不买账，厂家宣传得再好的产品也不是好产品。因此，应该用具体的宣传计划和详细的消费者调查资料说服客户"就范"。

① 诱惑法

告知本产品在其他地区或其他经销商那里的畅销情况。

② 宣传跟进法

告知本企业具体的年度、月度产品宣传计划。如果已经开始在大众媒体做宣传，询问客户有否看到；如果准备在当地媒体宣传，提醒客户届时关注；如果产品借势明星或强势媒体，一定要再三强调，以加强客户信心。

③ 消费体验法

告知一些消费者的实际消费体会。

（5）客户：现在买太早了

在推销中，常能听到这样的反对意见，季节性商品更是首当其冲。季节性商品早点卖出当然好处多多。商品转到客户的仓库，你的提成拿到了，公司钱赚了库存却少了，资金和库房还能派上更好的用场。

① 诱惑法

可以采取以下形式，如早订享受优惠价、免费送货、允许推迟付款等，或用美好前景诱惑。

“现在是投资这项产品千载难逢的最佳时机。今天用这个价格买进，一年后至少有三倍以上的收益。让我们抓住这个大好机会，我建议你买。”总之，你要让他知道此时做决定最为明智，风险最小而且获益最多。

② 惊吓法

利用将来会匮缺的信号让客户心惊胆颤，不得不早早订购你的商品。

销售员小李销镍铬电池，每到圣诞前后，镍铬电池总是供不应求。而由于电池成本问题，多数经销商都情愿等到最后一刻才到处去抓这种电池。有一年六月，小李发出去很多宣传单，画上写着："对不起，孩子们，今年我的镍铬电池又用完了！后面用粗体大字写着：与其最后一筹莫展，不如现在就订镍铬电池！结果，他们公司历史上第一次在六月份就把所有电池卖完了。

（6）客户说：人家同样的产品比你的便宜多了

① 找准对象法

先让客户讲，看看他之所以认为我们企业的产品“价格高”，是在与哪家企业产品进行比较。

如果客户拿我们大企业的产品与小企业的产品相比，就应向客户说明两者的价格是不能相提并论的，因为品牌的知名度和市场定位都不一样。

如果客户拿我们企业的产品同主要竞争对手的产品相比，那么首先应将客户所说的产品的价格和售卖情况调查清楚；然后对号入座，看看其产品相当于我方产品的哪个品类；最后向客户说明他是在拿低档产品的价格比我方高档产品的价格，是不公平的。

② 分析法

这是一个价格问题。但我们必须首先分辨出他真的是认为你的产品比别家的贵，或者只是用这句话来跟你进行讨价还价。了解他们对你的产品的品质、服务的满意度和兴趣度，这将对你完成一笔交易有莫大的帮助。大部分的人在做购买决策的时候，通常会了解三方面的事：①产品的价格；②产品的品质；③产品的服务。告诉客户我们的高价产品背后，有着优于竞争对手的完善的服务体系，它是厂商持久发展的重要保障。

③ 比较法

把本企业产品和别家产品的各种优劣势进行详细比较，用数据、证书等直观的方式，从企业的状况和产品的定位、包装、质量等方面向客户说明。如在质量方面：

向客户说明我们企业的生产和质量管理情况，必要时可向客户出具企业获得的ISO9000等质量保证体系的证明文件。

与别家产品进行相关质量指标的对比。

④ 转向法

不说自己的优势，转向客观公正地说别的地方的弱势，并反复不停地说，摧毁客户心理防线。如：

“先生，别家的价格可能真的比我们的价格低。在这个世界上我们都希望以最低的价格买到最高品质的商品。但我从未发现哪家公司（别的地方的）可以以最低的价格提供最高品质的产品，又提供最优的售后服务，就好像奔驰汽车不可能卖到桑塔纳的价格一样，对吗？”

“我××（亲戚或朋友）上周在他们那里买了××，没用几天就坏了，又没有人进行维修，找过去态度又不好……”

⑤ 提醒法

提醒客户现在假货泛滥，不要贪图便宜而得不偿失。如：

“为了您的幸福，优品质高服务与价格两方面您会选哪一项呢？你愿意牺牲产品的品质只求便宜吗？有时候我们多投资一点，来获得自己真正想要的产品，这也是蛮值得的，您说对吗？”

“事实上，大公司的采购人员都致力于从供应商那里尽量获得最低的价格。然而，有经验的采购人员都了解，低价位产品产生的问题往往比它能够解决的问题还要多。

资深的采购人员，基于他们的经验，更在意获得最高品质的产品，而不是那些低价位的产品。他们似乎都能因此为公司作出较好的决定。先生，您说对吗？”

（7）客户：市场不景气

在销售中，有很多客户会用市场不景气来拒绝，而我们却不能让不景气来困扰我们。

① 预先框式法

这个成交方法最重要是要灵活运用预先框式的技巧。第一步，你预设他是一位成功者，而一位成功者是不会让市场不景气成为困扰自己或公司的因素。第二步，他作为成功者总是会做出明智的决策。第三步，他作出购买决定才是正确的选择。如：

“很多积累了巨额财富的人都是在不景气时代建立了他们成功的基业，他们看到了长期的机会而不是短期的挑战，因此他们作出购买决定而成功，当然他们愿意作出决定。先生，今天你有相同的机会，你也会作出相同的决定，对吧？”

② 讨好法

聪明人透露一个诀窍：当别人都卖出时，成功者购买；当别人买进时，成功者卖出。现在决策需要勇气和智慧，许多很成功的人都在不景气的时候建立了他们成功的基础。通过说购买者聪明、有智慧、是成功人士的料等，讨好客户，使他们在得意忘形时打开钱包！

③ 化小法

景气是一个大的宏观环境变化，是单个人无法改变的，对每个人来说在短时间内还是按部就班，一切“照旧”。这样将事情淡化，将大事化小来处理，就会减少宏观环境对交易的影响。如：这些日子来有很多人谈到市场不景气，但对我们个人来说，还没有什么大的影响，所以说不会影响您购买××产品的。

④ 例证法

举前人的例子，举成功者的例子，举身边的例子，举一类人的群体共同行为例子，举流行的例子，举领导的例子，举歌星偶像的例子，让客户向往，产生冲动、马上购买。如：某某先生，××人××时间购买了这种产品，用后感觉怎么样（有什么评价，对他有什么改变）。今天，你要是买了，你用过后一定也会感觉很好的。

（8）客户：我要考虑一下成交法

我们在提出成交要求后，一定会有客户作出拖延购买的决定，因为所有的客户都知道这些技巧。他们肯定会说：我会考虑一下、我们要搁置一下、我们不会骤下决定、让我想一想诸如此类的话语。

如果你真的听到你的客户说出了这样的话，我告诉你，这个客户已经是你的了。如果你已经掌握了相关技巧的话。

①询问法

通常在这种情况下，客户对产品感兴趣，但可能是还没有弄清楚你的介绍（如某一细节），或者有难言之隐（如没有钱、没有决策权）不敢决策，再就是推脱之词。所以要利用询问法将原因弄清楚，再对症下药，药到病除。如：先生，我刚才到底是哪里没有解释清楚，所以您说您要考虑一下？

②假设法

假设马上成交，客户可以得到什么好处（或快乐），如果不马上成交，有可能会失去一些到手的利益（将痛苦），利用人的虚伪性迅速促成交易。如：某某先生，一定是对我们的产品很感兴趣。假设您现在购买，可以获得××（外加礼品）。我们一个月才来一次（或才有一次促销活动），现在有许多人都想购买这种产品，如果您不及时决定，会……

③直接法

通过判断客户的情况，直截了当地向客户提出疑问，尤其是对男士购买者，如果是因为钱的问题，直接可以激他、迫使他付账。如：××先生，说真的，会不会是钱的问题呢？或您是在推脱吧，想要躲开我吧？

（9）客户：太贵了

在推销中，价格总是被客户最常提起的话题。不过挑剔价格本身并不重要，客户对你的产品感兴趣才会关注价格，价格没有高低之分，你要做的，只是要让购买者觉得值，他能得到哪些价值和好处，这样你就可以成交了。

①后续利益

"先生，有时以价格引导我们作购买决策，不完全是有智慧的。没有人会为某项产品投资太多，但有时投资太少，也有它的问题所在，投资太多，最多您损失了一些钱，投资太少，那您所付出的就更多了。因为你所购买的产品无法带给你预期的满足。"

"先生，我们的产品在同类产品中属品质好，价格也公道的，我们没办法给您更低的价格，而且您也不见得想要这样。您采购它，也是看中了我们的产品适合客户解决问题和达到目标。我们还可以给您很好的交易条件。”

② 比较法

与同类产品进行比较。如：市场××牌子的××钱，这个产品比××牌子便宜多啦，质量还比××牌子的好。

与同价值的其他物品进行比较。如：××钱现在可以买a、b、c、d等几样东西，而这种产品是您目前最需要的，现在买一点儿都不贵。

③ 平均法

将产品价格分摊到每月、每周、每天，尤其对一些高档服装销售最有效。买一般服装只能穿多少天，而买名牌可以穿多少天，平均到每一天的比较，买贵的名牌显然划算。如：这个产品你可以用多少年呢？按××年计算，××月××星期，实际每天的投资是多少，你每花××钱，就可获得这个产品，值！

④ 赞美法

通过赞美让客户不得不为面子而掏腰包。如：先生，一看您，就知道平时很注重××（如：仪表、生活品位等）的啦，这样高档的产品或服务也正是给您这样的人用的。

（10）客户：能不能便宜一些

对策：价格是价值的体现，便宜无好货

① 得失法

交易就是一种投资，有得必有失。单纯以价格来进行购买决策是不全面的，光看价格，会忽略品质、服务、产品附加值等，这对购买者本身是个遗憾。如：您认为某一项产品投资过多吗？但是投资过少也有他的问题所在，投资太少，使所付出的就更多了，因为您购买的产品无法达到颁期的满足（无法享受产品的一些附加功能）。

② 底牌法

这个价位是产品目前在全国最低的价位，已经到了底儿，您要想再低一些，我们实在办不到。通过亮出底牌（其实并不是底牌，离底牌还有十万八千里），让客户觉得这种价格在情理之中，买得不亏。

③ 诚实法

在这个世界上很少有机会花很少钱买到最高品质的产品，这是一个真理，告诉客户不要存有这种侥幸心理。如：如果您确实需要低价格的，我们这里没有，据我们了解其他地方也没有，但有稍贵一些的××产品，您可以看一下。

（11）客户：没有预算（没有钱）

对策：制度是死的，人是活的。没有条件可以创造条件。

① 前瞻法

将产品可以带来的利益讲解给客户听，催促客户进行预算，促成购买。如：××先生，我知道一个完善管理的事业需要仔细地编预算。预算是帮助公司达成目标的重要工具，但是工具本身须具备灵活性，您说对吗？××产品能帮助您公司提升业绩并增加利润，身为企业的决策者，你还是根据实际情况来调整预算吧！总不能让预算来阻碍公司赚钱吧！

② 攻心法

分析产品不仅可以给购买者本身带来好处，而且还可以给周围的人带来好处。购买产品可以得到上司、家人的喜欢与赞赏，如果不购买，将失去一次表现的机会，这个机会对购买者又非常重要，失去了，痛苦！尤其对一些公司的采购部门，可以告诉他们竞争对手在使用，已产生什么效益，不购买将由领先变得落后。

③ 引爆需求

让客户意识到不做将会给他带来的损失，远远大于付出的这几千元成本。同行比较，或引导客户自己去想如果错过了这样一个好的宣传机会，将会失去……，这会导致……

（12）客户：与我想要的价钱高了不少

当你的产品价格达不到客户要求的水平时，你可以运用以下方法来弱化客户的异议，达成交易。

① 化整为零法

在德国柏林某个街头的广告柱上写着这样一段话："这块地段租金每天为0.56欧元。"这个数字看起来不算大，但实际上人们需要支付的租金应该是0.56欧元×所租地段面积×租用天数，折合下来是一笔非常高的数目！也许柏林街头的这块广告牌可以给许多推销人员以提示。

作为一个销售员，金钱总是你最常会碰到的问题，既然如此，你不妨把这项技巧运用到你的工作上，跟你的同事、拍档一起练习，记住每一句话，并把数字给记下来，然后去使用它。

② 只提差价

这种方式适用于很多推销场合，例如：

“只要多付500元，您就可以享受地道的爱尔兰风情。”

“您提出的价格只能获得比这个小三号的沙发，可是那样的话您的客厅就显得不够气派了，只要多付1500元，您就可以让您的整个房间提高一个档次，何乐而不为呢？”

只要多付2000元，就可以得到一台比同类产品都优良的高速打印机，快速省时省力，不是很好吗？

③ 进行贴近生活的比较

这要求推销人员对自己的产品有着相当程度的理解，而且这种理解必须要符合大多数人的生活习惯。例如：

“这种款式的车虽然耗油量大，可是从它与同类型车的比较中不难发现，如果把其他车高出的价格用到这款车的耗油上，您就已经节省了两年的油钱！”

“您只要每天少抽一支烟的话，这个产品的钱就出来了……”

投资法

做购买决策就是一种投资决策，普通人是很难对投资预期效果作出正确评估的，都是在使用或运用过程中逐渐体会、感受到产品或服务给自己带来的利益。既然是投资，就要多看看以后会怎样，现在也许只有一小部分作用，但对未来的作用很大，所以它值！

先生，你觉得要让这1万元来阻碍公司获得利润，增加产量吗？

（13）客户：不，我不要……

客户直接对你说不要，也没有其他的话加以润饰，你迟早都会遇到的，先思考一下这个问题，以便当你听到不要时，不会太震惊。通常你会听到一些柔性的拒绝。在这些场合中，学习超级推销人员所使用的成交法吧，为了增加你的订单，仔细地学习它。

① 强势法

吹牛是讲大话，推销过程中的吹牛不是让销售员说没有事实根据的话，讲瞎话。而是通过吹牛表明销售员销售的决心，同时让客户对自己有更多的了解，让客户认为您在某方面有优势、是专家。信赖达成交易。如：我知道您每天有许多理由推脱了很多销售员让您接受他们的产品。但我的经验告诉我：没有人可以对我说不，说不的我们最后都成为了朋友。当他对我说不，他实际上是对即将到手的利益（好处）说不。

② 死磨法

我们说坚持就是胜利，在推销的过程，没有你一问客户，客户就说要什么产品的。客户总是下意识地敌防与拒绝别人，所以销售员要坚持不懈、持续地向客户进行推销。同时如果客户一拒绝，销售员就撤退，客户对销售员也不会留下什么印象。

方法是技巧，方法是捷径，但使用方法的人必须做到熟能生巧。这就要求销售员在日常推销过程中有意识地利用这些方法，进行现场操练，达到“条件反射”的效果。当客户疑义是什么情况时，大脑不需要思考，应对方法就出口成章。到那时，在客户的心中才真正是“除了成交，别无选择”！

第十二章

促成交易必备的销售口才

在销售活动中，成交的时机是非常难于把握的，太早了容易引起客户的反感，造成签约失败；太晚了，客户已经失去了购买欲望，之前所有的努力全部付诸东流。那怎么办呢？有经验的销售员告诉你，当成交时机到来时，客户会给你一些“信号”，只要你留心观察，就一定可以把握成交时机。

1. 说话时多用积极的字眼，让客户感觉到你的主动

在与客户的沟通与说服中，一定要在遣词造句上花些功夫。有一些“魔法词汇”是客户非常愿意从你那里听到的，你务必要充分理解这些关键词汇的重要性。

（1）“您好，我可以帮您做些什么吗？”

这种开放式的提问，可以获得客户好感，也能引起客户谈话的兴趣。因为你是在提供“帮助”，而不是“兜售”商品。人们都希望被帮助、被服务，以这样的提问开头，你就可以以一种积极的语调开始谈话。

（2）“您的问题，我们完全可以解决。”

客户与你沟通的真正目的，是要“买到”解决问题的方法。他们喜欢你用他们能理解的语言直接回答他们的问题。

（3）“虽然我现在给不了您要的答案，但我一定会尽快解决。”

如果客户提出的问题比较刁钻，你一时难以解决的话，就应该坦白地告诉他你不知道答案。在对所有的事实没有把握的情况下贸然地回答客户的提问只会让你的信誉损失得更快。为了测试对方是否讲诚信，精明的买家有时会故意提出一个你无法解决的问题。在这种情况下最好给客户一个诚实的回答以提高你的信誉。

（4）“我们一定会满足您的要求。”

告诉你的客户，令客户满意是你的责任。要让客户知道，你们知晓他需要什么样的产品或服务，并会按照双方都同意的价格提供这种产品或服务。

（5）“我们将随时为您提供最新信息。”

客户最信赖的销售员就是那种能为他们及时提供最新消息的人，不管是好消息还是坏消息。因此，你要让客户知道，你将随时为他提供有关订货方面的

最新信息。订货至交货的时间越长，这种信息的更新越重要。

（6）“我们保证按期交货。”

约定的交货日期就是你必须履行的诺言，即使“差不多”也不行。“星期一就是星期一。”五月的第一周就是五月的第一周，即使期间包含有国家法定假期。客户想听到的是：“我们会按时交货。”能始终如一做到这一点的人很少，如果你做到了，客户就会记住你。

（7）“非常感谢您能接受我们的服务。”

说这句话的效果比简单地说句“谢谢你的订货。”的效果要好得多。你还可以通过交易完成后的电话联系，热情地回答客户的问题，来表明你对客户的谢意。

所以说，销售员在与客户沟通时，如果能频繁地使用让客户高兴的词语，这就向客户传达了这样一条信息，你是在真正地关心客户！以此表明你对他们的诚意，会使客户再次购买你的商品或服务，除此之外，客户还会把你和你的公司热心地推荐给其他人。

2. 找到关键点进行说服，一点打通全盘皆赢

现代营销学认为：销售就是服务，创造客户价值。但很多销售员关注自己太多，自己的品牌如何如何、服务如何如何，而对客户的需求偏好、期望值、价值观等却关注太少。

以推销牛奶为例，常常出现这种场景：

销售员：您好，我们又推出了一款新的配方牛奶，有什么什么特点，您看您需要不？

客户：不需要。

销售员：但是我们的牛奶确实很棒……

客户：这跟我有什么关系呢？我从来不喝牛奶，可我活得很好！

销售员：……

在这里，销售员根本没有考虑订户的需求，完全是无的放矢。所以，客户几句话就把他打发了，这是很失败的说服。

如果使用下面方法，就能容易被客户接受：

销售员观察订户一段时间，发现客户缺钙，找准合适的地点，比如上楼时，对客户说，您当心点，看您很累，我来搀您上去。

客户：谢谢你了，老了，腿脚不好了。

销售员：怎么能这么说呢，您还要再享几十年福呢，上点年纪的人钙流失得快，要注意补钙，这样腿脚才利索。

客户：可不是吗？不过吃钙片补充效果不是很好。

销售员：喝奶效果不错，因为人绝大多数营养都是从饮食中获得的。阿姨，您看这样，我们刚好有低脂高钙的鲜奶，您喝喝试试。

客户：听起来确实很好，那我就试试看。

后面这位推销员之所以能成功说服客户，就在于他发现了“客户缺钙”这个要害，从而以此为切入点，找到了客户的潜在需求。

所以说，要使说服获得成功，就要找到客户的需求点，找到客户的弱点与软肋进行重点突破，并及时满足客户。把销售的理由变成客户需要购买的理由，由销售员“我要卖”转变为客户“我要买”。以客户为中心，以需求为导向，找到客户的软肋——这，才是说服的关键所在。

再看下面这个小故事：

一对老夫妇来看一所房子，当销售员把客户领到房间后，客户看到房间里的地板已经很破旧并变得凹凸不平，但当他们走到阳台上看到院子里有一棵茂盛的樱桃树，两位老人立刻变得很愉快。

老妇人对销售员说：“你这房子太破旧了，你看地板都坏了。”

销售员看到了他们对樱桃树的喜爱，就对客户说：“这些我们都可以给你们换成新的，最重要的是院里的这棵樱桃树，一定会使你们的生活更加安详舒适。”说着销售员把老人的目光引到屋外的樱桃树上，老人一看到樱桃树马上变得高兴起来。

当他们走到厨房时，两位老人看到厨房的设备很多已经生锈。还没等客户抱怨，销售员就对他们说，“这也没有关系，我们会全部换成新的，同时，最重要的是院里的这棵樱桃树，会让你们喜欢这里。”当销售员提到樱桃树时，客户的眼睛立刻闪出愉悦的光芒。“樱桃树”就是客户买下这所房子的“关键点”。

在这个小故事中，销售员通过观察客户的表情变化，敏锐地发觉在客户的潜意识中对樱桃树的喜爱。他能够迅速抓住这一点，因势利导，对客户进行种种暗示，给了客户一个购买的理由，从而及时发现、唤起甚至创造客户内心对于产品和服务的需要，恰到好处地对其进行说服，结果取得了成功。

3. 把握成交信号，找到那个合适的瞬间

在销售过程当中，成交时机总是若隐若现，难以把握。一流的销售员非常清楚，客户购买的时机只有那么一瞬间。其实这种仅此一刻的情形，大约20次销售中才出现一次，另外的19次都会出现许多隐蔽成交契机，所以，成功的关键就是要好好把握这些机会。

心理学上有一个名词叫“心理上的适当瞬间”，在销售工作中也有特定的含义，是指客户与销售员在思想上完全达到一致的时机，即在某些瞬间买卖方的思想是协调一致的，此时是成交的最好时机。若销售员不能在这一特定瞬间成交，成交的希望就会落空，再次成交的希望就变的渺茫。

在销售中，对“心理上的适当瞬间”的把握是至关重要的。把握不适当，过早或过晚都会影响交易。“心理上适当瞬间”的到来，必定伴随着许多有特征的变化与信号，善于警觉与感知他人态度变化的销售员，应该能及时根据这些变化与信号，来判断“火候”与“时机”。一般情况下，客户的购买兴趣是“逐渐高涨”的，且在购买时机成熟时，客户心理活动趋向明朗化，并通过各

种方式表露出来，也就是向销售者发出各种成交的信号。

成交信号是客户通过语言、行动、情感表露出来的购买意图信息。有些是有意表示的，有些则是无意流露的，后者更需要销售员细心观察。客户成交信号可分为语言信号、表情信号和行为信号三种。

第一，语言信号。

当客户有购买打算时，从其语言中可以得到判定。例如，当客户说："你们有现货吗？"这就是一种有意表现出来的真正感兴趣的迹象，这表明成交的时机已到；客户询问价格时，说明他兴趣极浓，商讨价格时，更说明他实际上已经要购买。

语言信号的种类很多，有表示欣赏的，有表示询问的，也有表示反对意见的。应当注意的是，反对意见比较复杂，反对意见中，有些是成交的信号，有些则不是，必须具体情况具体分析，既不能都看成是成交信号，也不能无动于衷。只要销售员有意捕捉和诱发这些语言信号，就可以顺利促成交易。

第二，表情信号。

从客户的面部表情可以辨别其购买意向。眼睛注视、嘴角微翘或点头赞许都与客户心理感受有关，均可以视为成交信号，客户的一举一动，都在表明客户的想法。从明显的行为上，也完全可以判断出是急于购买，还是抵制购买。及时发现、理解、利用客户表露出来的成交信号，并不十分困难，其中大部分也能靠常识解决，具体做法一要靠细心观察与体验，二要靠销售员的积极诱导。当成交信号发出时，及时捕捉，并迅速提出成交。

专门做保险销售的小杨说，他总是利用"以便……"句型来追踪成交契机。他的方法很简单。对客户说话时，每段话都接"以便……"随后详细说明有利于客户的所有专项。

"乔治先生，我们会在市场比较冷清的30天内开个会，以便作好充分准备，等管制一取消，可以立刻与分析师讨论。"

"李女士，我们希望现在就安排这件事，以便分公司能够将业务转交给您。"

运用这个简单有效的"以便……"句型，不单能引导追踪成交契机，还可以不断提醒客户，立即行动最为有利。所以，销售员从现在就可以开始用"以便……”句型，以便提高销售业绩，同时提升自己在公司的地位。

第三，行为信号。

行为信号是那些客户在形体语言上提供的线索。这些信号会告诉销售员，他们在心里上已经作了准备购买的决定。购买信号是突然的，销售员一定要细致观察客户，当客户出现购买信号，表示出购买的意愿时，销售员就要停止再谈论产品，而准备下一个步骤。

4. 在合适的点上提出成交，但需要把握技巧

销售成交是指客户接受销售员所销售的商品或销售建议，表明成交意向并采取实际购买行动的过程。在实际销售过程中，有以下几种成交技巧方法。

第一，假定成交。

假定成交法是指假定客户已经接受了销售建议而展开实质性问话的一种成交方法。这种方法的实质是人为提高成交谈判的起点。此技巧使用得当，可起到事半功倍的效果。

甲公司销售代表与乙公司代表进行销售谈判，双方开局谈得较融洽，甲公司销售代表可以适时地提出：“您看什么时候把货给您送去？”若此时乙公司代表对这句话的表情没有不愿之感，可以进一步试探性地问：“您想要大包装，还是小包装？”或者直接说：“这是订货单，请您在这个地方签个字。”

第二，异议探讨。

异议探讨法是指在提出成交请求后对还在犹豫不决的客户采取的一种异议排除法。一般情况下，处理成交阶段的异议不能再用销售异议的处理办法与提示语言，这时，通过异议探讨，有针对性地解除客户疑问便有了用武之地，解除疑问法的提问模式多为诱导型的。

甲乙双方已商谈成功，就在快签约时，乙方这时犹豫不决，甲方在此时不能放弃成交的良机，可以揣测乙方心理，对乙方的不确定予以答复。如：“您不能做出决定是因为××吧？”一旦了解了乙方的疑虑所在，就可以进行有针对性地解答了。这种成交技巧一般来说较为奏效，解除疑问法适用于成交阶段

的以下客户：

价格异议，如“如果再便宜点就好了。”

时间异议，如“我还要再考虑考虑。”

服务异议，如“万一运行中出了毛病可就惨了。”

权力异议，如“我自己做不了主，还得请示一下”等。

解除疑问法要与其他方法配合使用，即利用该法探寻与排除异议，然后利用其他方法促成交易。使用解除疑问法应正确分析客户异议，有目的地进行提问，有针对性地进行解答。

第三，避重就轻成交。

避重就轻成交法是指根据客户的心理活动规律，首先在次要问题上达成一致意见，进而促成交易的成交法。

日本丰田汽车公司想占领美国市场，与美国某汽产公司进行联营，二者在谈判中，日本一方就是采用了避重就轻成交法，在次要问题上做文章，一旦达成一致意见，再主攻重点的价格问题。

避重就轻成交法在以下几种情况非常适用：

交易量比较大或大规模的交易；

客户不愿意直接涉及的购买决策；

次要问题在整个购买决定中占有很重要作用的时候；

其他无法直接促成的交易。

使用此方法可以有效地分担成交风险，即使客户对某一细节问题提出否定看法，也不会影响整体的成交。

第四，直接发问。

直接发问法是指在适当时机直接向客户提出成交的成交法，是一种最简单、最基本的技巧。采取直接发问法可以有效地促使客户作出购买反应，达成交易；可以节省销售的时间，提高销售效率；可以充分利用各种成交机会，有效地促成交易；可以直接发挥灵活机动精神，消除客户的心理疑虑。正是其特有的优越性，使其成为用途广泛的成交方法。使用这种成交技巧，需要在不同的场合针对不同的客户，一般情况下，以下几种情况可采用此技巧：

（1）比较熟悉的老客户；

（2）客户通过语言或身体发出了成交信号；

（3）客户在听完销售建议后未发表异议且无发表异议意向；

（4）客户对销售品产生好感，已有购买意向，但不愿提议成交；

（5）销售员处理客户重大异议后。

直接发问法的使用也有一定的局限性：一方面，因语言过于直接外露，容易引起部分客户的反感，导致客户拒绝交易；另一方面，由于其使用条件是以销售员的主观判断为标准的，一旦把握失控，就会使客户认为在给他施加压力，导致客户无意识地抵制交易。

5. 面对犹豫的客户，需要你的语言来促成交易

在现实中，我们发现有很多胆怯的销售员，在接近客户、说服客户的流程中都做得很好，可就是成交不了。原因是什么呢？因为他不敢催促客户，或者说，不懂得帮客户下定决心的技巧。

与客户沟通的最后阶段，也是你帮助消费者下决心的时候。但往往这个时候，很多人是不敢催促客户成交的。其实只要你判断进入了这个阶段，马上就要用催促性的提问，促使他的成交，要不然他还会把钱多捂几天，这几天什么变化都可能出现。

那么，当客户只差一点决心就要购买了，销售员如何给予他这最后的决心呢？是单刀直入，直接催促他掏钱吗？当然不是，你还需要一些委婉的方法。

下面是一些常见的行之有效的方法：

（1）征询意见法

有些时候我们并不能肯定是否该向客户征求订单了，我们也许不敢肯定是否正确地观察到了客户的购买信号。在这些情况下，最好能够使用征求意见法，你可以这样问：

“陈先生，买了这本书，对你的工作是很有帮助的，不是吗？”

“在你看来这些书会对你的公司有好处吗？”

“如果买了这些书，一定对你孩子的学习有很大的帮助。”

这种方式能让你去探测“水的深浅”，并且在一个没有什么压力的环境下，征求客户订单。当然，如果你能得到一个肯定的答复，那你就可填写订单了。你再也不必重新啰嗦怎样成交了。象其他任何领域内的销售一样，你说得越多，失去订单的风险越大。

（2）从较小的问题着手法

从较小的问题着手来结束谈判就是请你的客户作出一个较小的决定，而不是一下子就要作出什么重要的决定，比如让他们回答“你准备订货吗？”之类的问题。一般来说，这些试探或许会有助于推销。你所提的问题应该是：

“你看哪一种比较好？”

“你看是你们带走，还是我们给你送到府上？”

“我帮你拿到柜台去好吗？”

“如果您买了的话……”

“让我们把货送到您家？并且……”

（3）选择法

用以下的提问方法给你的客户以选择的余地——无论哪一个都表明他/她同意购买你的产品或服务。你可以让他进行一步小的选择：“要这一种还是要那一种？”或者：

“你决定要哪一种产品？”

“是付现金还是赊购？”

（4）敦促法

你可以暗示商品非常畅销，如果客户不及时行动，将失之交臂。

“朱先生，这种产品销售得很好，如果你现在不马上要的话，我就不能保证在你需要的时候一定有货。”

同时把订货单递过去。如他对商品确有兴趣，就会添上一些栏目，推销也就成功了。

（5）悬念法

如果条件许可，又确实是这样，那么可表明现在买的好处：

“这个月要涨价。”

“这种型号的只有一件了。”

“唐先生，价格随时都会上涨，如果你现在行动的话，我将保证这批订货仍按目前的价格收费。”

但要注意，说得不妥当很容易失去顾客。

总之，当你已经将客户成功说服，让客户与你达成了一致，认为你所提供的产品能够满足他们的需求之后，你就要善于发现他们发出的购买信号，并不失时机地采用各种办法拍板成交，结束销售。

在与客户沟通的最后阶段，一定要用催促性的提问，临门一脚，帮助客户下定决心。这是铁定的规律，否则的话，你的流程要从头来一遍。

6. 达成成交协议后，有效地巩固销售成果

在客户决定购买，并达成成交协议后，作为销售人员，此时千万不要有大功已经告成的心态，一定不要太大意，而应该对成交结果进行确认，只有在双方确认的情况下才意味着交易的真正成功。这时就要注意，不要让客户感到销售员一旦达到了目的，就突然对客户失去了兴趣，转头忙其他的事去了。如果这样，客户就会有失落感，那么他很可能会取消刚才的购买决定。

对于有经验的客户来说，他会对一件产品发生兴趣，但他们往往不是当时就买。当客户的情绪低落下来时，当他重新冷静时，他往往会产生后悔之意。

所以，销售员一定要巩固销售成果，避免客户反悔。这就需要让对方确认成交结果。销售员可采用如下的做法：

（1）表示祝贺和赞扬

客户尽管已经同意购买，但在很多情况下，他还是有点不放心，有些不安，甚至会有一点神经紧张。这是一个非常关键的时刻，沉着应对客户对销售员来说非常重要。客户在等待，看接下来会发生什么情况，他在观察销售员，看自己的决策是否正确，看销售员是否会“卷起钱就走”。现在，客户比以往任何时候都需要友好、真诚的抚慰，帮他度过这段难熬的时间。

所以，在成交之后，销售员应立即与客户握手，向他表示祝贺。记住，行动胜过言辞，握手是客户确认成交的表示。一旦客户握住了你伸出来的手，他

要想再改变主意就不体面了。从心理上说，当客户握住你的手，那就表示他不愿意反悔。

销售员在与客户握手的同时，要向他表示祝贺，对他的明智之举表示称赞。例如：

“王先生，祝贺你……你做出了明智的决策，不仅你所有的亲友会羡慕你，而且你的房子的价值也会大大增加。”

“祝贺你，林先生……你得到了一件质量上乘的产品，你会享受到它的好处的。”

（2）填表进行确认

销售员应该是合同专家，应该能够在几秒钟内完成一份合同，甚至闭上眼睛也能完成这项工作。

但是，说到填表，很多销售员是不称职的，由于误填、不准确和填不好，致使很多交易都没做成。这些销售员熟知合同，却又对它很陌生，常常不知道怎样正确填写合同而使到手的买卖黄了。

有些销售员在填写合同的时候，常默不作声，把精力集中在合同上。这种沉默通常会引起客户的焦虑不安，接着，所有的疑虑和恐惧又会重新涌上心头。当这种情况出现时，销售员很可能还要再搭上许多时间去挽回这笔买卖，但在多数情况下这笔买卖是没有希望了。

销售员尽管已经知道了他需要填写的内容，但在填写时，仍要向客户证实这些内容。应该边写边与客户进行轻松的对话，目的是让这一程序平稳过渡，让客户对他的决定感到满意。销售员的填表动作要自然流畅，与客户的对话内容要与产品毫无关系。可以谈及客户的工作、家庭或小孩儿，以把客户的思绪从购物中解脱出来，同时可以表明自己并不只是对客户的钱袋感兴趣。

（3）感谢客户

这个细节是优秀销售员区别于其他人的细小差别之一。

说声谢谢不需要花费什么，但却含义深刻，给客户留下深刻印象。大多数销售员不知道在道别后如何感谢客户，这就是为什么他们常常收到客户的退货和得不到更多客户的原因。当销售员向客户表示真诚感谢时，他会对你非常热情，会想方设法给你以回报，会对你表示感谢。

请看下面的例子：

“季先生，我想对你说声谢谢，我想告诉你，我对你的举动十分感谢。如果你还需要我做什么，你可以随时给我打电话。”

当客户听到这些话时，他就知道他做出了正确的选择，他会对你的友情表示感激。在这种情况下，他怎么会改变主意让你失望呢？

（4）送一份小礼物

当完成一笔大生意，你可以送一份礼物给客户以表达你的谢意。关键在它表达的意思，而不在于钱的多少。这个礼物可以是一盒巧克力、一束花或一顿饭。这种感谢也可以是一种承诺。通常这份谢礼应该根据交易金额决定，比方说，你卖了一辆车给一位作家，可以送他一支300元的名牌金笔。然而，如果交易对象是政府机构时，送礼就要特别小心谨慎，不要触犯法律。

接受礼物就表示他对你有了义务，特别是当客户产生反悔之意时，礼物的作用就表现出来了。记住，你在这上面花出去的每一分钱会体现出它的价值的！

7. 你不卖他偏要，不许偷看他偏看

“你不卖他偏要，不许偷看他偏看”，也称欲擒故纵法，就是要想促成和客户的交易，故意放慢速度或先冷淡对方片刻，然后再激起对方的兴趣，从而促成销售的方法。“擒”和“纵”是一对反义词，但用辩证的眼光看待时，它们在一定条件下是可以互相转化与调和的。

老杨的车开了5年，想换一辆新车，就准备把旧车卖了。有一个车行老板来看，一句好话都没有说，把他的车子评价得一文不值，老杨因此闹的一肚子火，还没有等他开价，就下了逐客令：“你走吧，这车我不卖给你了。”

第二位车商来看时，第一句话就是：“这车怎么保养得这么好！”

老杨说：“我很少开，自己又不抽烟，所以很干净。”

车商：“难怪，这车5年了，跟新的一样，你一定很讲究。”

这话说到老杨心里去了，两个人就在那里聊起来，最后车以18万元成交，离老杨原想的20万元的目标，还差了2万元。

在销售学中，有讲到“要破坏对方产品的价值，才能方便砍价”，第一位车商就是运用这种方法，但是他的话语严重伤害了客户的自尊心，把客户惹火了，失去了后面谈判的机会。而第二位车商，反其道而行，多夸赞对方，把对方夸得心花怒放，最终轻易取得了他的信任，得到了让价和最后的成功。

其实，在与客户沟通的过程中，如果销售员只是一味地步步紧逼，常常会给客户带来很大的压力，而一个人承受压力的程度是有限的，过多的压力就会让客户心生反感，而放弃和你的沟通。所以，如果使用欲擒故纵的方法，先让客户暂时获利或暂时对他们淡漠，解除他们的反感和警惕之心，反而更容易推销出自己的产品，成功占领市场，达到“擒”住客户的目的。

（1）试用产品

试用产品也是一个比较好的“欲擒故纵”法。在能够试用产品时，很多准客户都是踊跃参加的。在他们试用这些产品的过程中，如果喜欢上了产品的功能和特性，试用结束后往往就会掏钱购买使用，从而从准客户变成了客户。试用产品这一方法，很容易提高产品的知名度和市场占有率，一个忠诚的客户所带来的商机也是不可估量的。

（2）限量销售

给客户一些小利小惠，能使他很容易接受销售员的产品，这很好，但有的方法更加高明，可以迫使顾客自己找到商家，要求购买产品。这就是限量销售，限量销售指主要通过控制日销售的产品量或产品总量，来诱惑消费者，从而提高产品知名度和受欢迎程度的一种方法。

上海有一家腊味商店，出售的是全手工制作的各种腊味，货真价实，风味独特，很受顾客的欢迎。但这家店有一个规矩，就是每天限量生产，卖完之后就不再销售了。哪怕顾客强烈要求做一些，也不做了。

当有顾客问老板为什么时，老板回答：“店里人手不够，若是做多就保证不了质量了。请您见谅。”

其实老板的想法真的是限量保质吗？他用的就是“欲擒故纵”法，人性就是这样，越是得不到的东西就越觉得珍贵，而产品只有在他想买却买不到的时候，他才会想尽办法去买。

（3）赠品和打折

现在赠品和打折是销售员最常用的方法，这也属于“欲擒故纵”法。因为大多数人都会贪图小便宜，希望花同样的钱可以得到更多的商品。为了迎合消费者的这种心理，很多商品都采用赠品和打折的方式，而事实上，赠品大多只是一些便宜的微不足道的物品，但正因为这些物品的吸引，刺激了消费者的欲望，促成了交易。

在日本东京，有一家商店的打折方式是独特的，它首先制订打折的期限，第一天打9折，第二天打8折，第三天打7折……依此类推。

所以顾客如果想在打折期间购买自己喜欢的产品，就可以在喜欢的日子过去。如果你想以最低的价格买，就可以在打1折的时候。但是，你要买的东西并不能保证会留到最后一天。

这种方法有效地抓住了客户的心理，一般人不会在第一天或者第二天就去急着买东西，但在第三天，就是打7折的时候，不少人害怕自己想买的东西被别人买光，就忍不住了。在第四天就会出现抢购的热潮。

8．巧妙运用交易让步6技巧

销售人员与客户之间在价格的问题上必然存在一定的分歧。客户希望能以最低的价格购买到最优质的产品；销售人员却希望客户能够接受自己所报的价格。

为了使双方能达成交易，销售人员应该巧妙地运用让步技巧。到底如何运用这一技巧呢？下面就讲讲让步技巧中非常重要的六个关键：

（1）事先确定一个底线

销售人员与客户之间的沟通有时表现为相互进攻，有时表现为各自坚守阵地，更多的时候，是进攻与防守的结合运用。例如：

销售人员："如果购买量达不到100箱的话，那就不能享受八折优惠。"（"100箱的销售量"属于进攻行为，"八折优惠"为防守策略。）

客户："如果这种产品的价格不能享受七折优惠的话，那我就只能选择其他产品。"（"七折优惠"是进攻行为，"不购买产品"为防守策略。）

在进攻与防守策略灵活运用的各个沟通环节当中，销售人员应该学会掌控整个沟通局面，而不要令自己被动地围着客户提出的种种条件团团转。要想掌控全局，在每次与客户沟通的过程中，销售人员都需要在关键问题上事先确定一个合理的底线，比如产品价格不能低于多少、不符合某种购买条件时不提供某种免费服务、客户最晚不超过多长时间付清货款等等。

如果不能事先确定一个底线，那么在与客户沟通的过程中，销售人员就很容易处于被动局面，这样就容易使自己和公司丧失许多利益，从而出现销售了产品却赔了钱的情况。如果销售人员通过充分的准备工作，事先确定了一个合理的底线，那么在与客户沟通时就会摆脱被动局面，从而有效实现自身利益和公司利润。

（2）弄清客户的全部要求

有很多做销售的朋友不懂行销，客户每提出一个要求就会让一下步，提出一个要求就会让一下，然后你让了之后他又会再提出一个，结果他会提出第三个、第四个甚至更多个要求，到最后，你觉得已经没有利润了甚至还有损失，如果不答应前面又付出了很多，觉得弃之可惜，食之无味。那我们应该怎么办呢？就是让步之前就问客户"你有什么要求？"当他说出之后，你再接着问"还有吗？"直到他和你说出全部的要求后，你再和他做最后的确认："通过刚才的交流，你对我们的产品有以下几个要求：第一点是……，第二点是……，假如我们的产品能满足以上几点，就不存在其他问题了，对吗？"直到他说"是的"。否则一定要弄清楚他所有的需求。

要在价格上做出有效的让步，销售人员首先要做的便是要弄清楚客户的全部要求，包括：客户是不是真的需要和有意购买？客户真的是要求让步吗？到底价格要降到什么程度客户才会购买等等，只有了解了所有要求之后，才能够制订出有效的策略，做到真正有效的让步，以促成交易的达成。否则的话，不但会让自己陷入死谷，还会使得原本有望达成的交易成为泡影。

侯军是成功指南针文化传播公司的图书销售人员，有一次我们在交流的时候，他说过这样的一件事情。有一次，他向一位中年妇女推销一套《十万个为什么》，该套书的定价不菲。侯军看到对方有一定的购买欲望，便想通过价格的优惠政策达成交易。在经过了一番讨价还价之后，侯军决定按定价的百分之五十成交。可是，没有想到，对方依然嫌价格太高，要求侯军再往下降一点。可惜的是，这已经是侯军自己能够做主的最底限了。倘若再降的话，侯军几乎可以说是白卖一套这样的书。侯军坚持自己的价格不让步！中年妇女也坚持这价格不让步！最后，也就是在侯军准备离去的时候，中年妇女松了口。答应可以按定价的百分之五十成交，不过提出了要侯军送一本关于少儿素质家教的书。原来，这位中年妇女一直在价格上坚持，是为了想要免费获得那本书啊！

在侯军说完这件事情之后，我感慨地说："其实，客户很多时候在价格上不让步并不是真的对产品的价格不满意，而是有着其他方面的需求。要想与客户达成合作，我们就要善于去分析客户所传递出来的一些潜在的信息和要求，只有在我们弄清楚了客户的全部要求之后，才能够有效地运用让步技巧。"

（3）条件让步法

条件让步是指，对方要你在价格上让步，你就让对方也满足你一个条件。比如说上一个行销课程是1500元，客户非要让价，不让步绝对不行，那么你就告诉他如果他报到5个人就可以优惠。如果他提出条件多送货，你就要求他多进货；如果他要求优惠，你就要求他一次性付款。总之，客户每提出一个条件，你也要提出一个条件做为让步的交换，要不然你步步皆输。

（4）次要问题让步法

在销售过程中，特别是客户讨价还价的时候，我们要有良好的应变能力，要知道客户的需求是多方面的，他们的满足点也是多方面的。作为一个优秀的销售人员，你应当善于规避主要问题，在次要问题上做一些让步，让客户感到满足，从而达成交易。

我有个学员李振是西安家电城的销售人员。有一次，一位客户看中了一套音响，却一直坚持自己提出的价格，坚决不让步。李振看出来对方绝对有购买的欲望和冲动，之所以没有产生购买行动，只是希望在价格上享受一定的优惠。可是，这套音响的价钱已经够低的了，再往下降，就会做赔本买卖。可是要想达成交易，便必须给予对方的一定满足，最好是让对方感到受到不同的待遇和享受到了优惠！怎么办呢？

“如果，你价钱再往下降一点，我还会购买其他的东西，至少我还要几个稍微好一点的话筒！”对方在这个时候主动说道。

李振听了心中一喜，已经知道了应该怎样去有效地解决这个问题。他顺着对方的话语，装做有些为难的样子说道：“先生真的不好意思！你所看中的那套音响的价钱已经再难以往下降，你不是还要买话筒吗？”对方说：“是的。”“如果变换一下方式，我在话筒方面多给你一些优惠，你觉得这样好不好呢？”最终，客户满意地带着音响和话筒离开了。

由此可以看得出来，在让步的时候，巧妙地移开主要的问题，在不损害自己利益的前提下，在次要的问题上做出让步，能够达到很好的效果。

（5）经理出马让步法

经理出马让步法就是你本来可以让步的，但是你自己不要轻易这么做，把这一权力转给经理，这样做效果比较好。你可以告诉他：“我没有这个权限，因为这已经是最大的优惠了，但是我可以和经理商量一下，估计经理那边也有难度，不过我会配合你，帮你说话，争取达到你的满意。”要知道，业务人员那么容易让步，那业务经理让步的空间就更大，业务经理让步了，客户会想办法找到老总再要求让步。所以让步的时候不要立刻同意，要给一个研究的时间，不管你是否需要研究，这句话是非常重要的。

所以，如果销售人员不能在价格上令客户满意。你不妨采用经理出面法，说不定会达到很好的效果。

每个人都渴望受到他人的尊重，如果在价格问题上我们做不到让步，那么我们为什么不采取其他方法，给予他们一定的尊重，满足他们内心的另外一种需求，调动他们的情绪，让他们自己让步，达到双赢的目的呢？

（6）交换让步法

就是不要单方面让步，而要双方都让步。交换让步法要把握好，把握不好是卖不掉产品的。比如说，我这个酒店可以白送你两个晚上，那你能不能把下次讲课的日程也定在这里呢？可以给你再优惠10％，那你可不可以用现金付款？我可以送货上门，那你可不可以多进些货呢？等等方式都算作交换式让步。

9. 如何让对方来适应你的价格

当你抬价或压价的时候，注意，请给对方一点适应的时间。充分考虑对方可能会产生的失望情绪，让其释放，如果这种情绪在销售中得不到释放，积累到一定程度就会发作，将严重干扰销售的顺利进行。

在整个销售过程中，当你提出一些需要的条件，或报价与客户原本的计划差别较大的时候，你一定要给对方留出足够的时间来适应这种心理的情绪。人们普遍存在的直觉使得你的客户也同样倾向于只看他们愿意看到的、愿意听到的事物，这是毋庸置疑的事实。对于同样的事情，不同的人会给出完全不同的解释，正是这个道理。

任何一种讨价还价场合所涉及的每一个人，都需要在三种基本成分中找到某种意义上的平衡。它们是：信念，即个体认为是对的东西；感情，即个体感觉到是对的东西；活动，即个体看到的是对的东西。为了纠正直觉方面的问题，作为一个销售员来说，有必要使某些步骤放慢。

最好的方法是安排两次或两次以上的会见，第一次先把你的意图吹一下风，让对方了解你的思路，然后再进一步提出你的全部要求，让对方来适应你的价格。如果一开始你就用一些似是而非的问题把对方搞得心神不宁，你就应该在此时让他们自己在一边待着去思忖这些念头，然后你再回过头来，向他们提出一个比无边的胡猜要简单得多的计划。

当然，提问题要慢慢来，要让对方用他们自己的语言把他们所理解的建议内容反馈给你。而你只需要问他：“这对您会有什么影响吗？”或者直接地说：“您可以告诉我，您对我刚才说过的话有什么意见吗？”对于那些你知道对方肯定不喜欢的议题，也许你要利用一些捏造术的诱惑；如果为了投其所好，“委屈你自己”表现得越强，那么在这问题重新提出时，把它掩饰过去的可能性也越大，同样，对方也可能给你编造一些情况，他们也许确实希望你理解错误，因为他们知道，如果你得知实情就要反对他们了。

导致日后灾难性冲突的因素也是这样埋下的。最佳的方法是：向对方说清楚其中的利害关系，不要把事情做得太过分，但要清楚地让对方明白你的提议的限度。这样，尽管在短期内可能会由于你的坦率而使你稍有所失，但终究你是最大的赢家。

在你向对方要价时，为了使价格看起来并不高，你要把它分成一小部分一小部分地说出来。但是，在你向对方提出各种好处时，却要使好处显而易见，看上去得可观，所以要把它们合并到一块，一次提出来。你也可以将价钱分散到一段时间内，让每一段时间花的钱显得很少。

一个销售发动机的商人告诉他的客户说，自己的发动机质量和性能都非常好，用10年都不成问题，这样，每周的费用还不到2元，如果客户自己保养得当的话，使用期限还可能延长费用可以很容易地降到每周1元以下。实际上，他这样的发动机每台的价格为1万元。

无独有偶。

一家药品公司的销售代表向医院的医生们出售一种昂贵的药品，与其他的竞争对手相比，他们的价格实在是贵得惊人。于是这位医药代表向医生们询问每一包药可以分成多少剂，然后用公司的产品向医生们表明，个人只需花0.5元，这根本就算不了什么。可如果他说每包要多花50元，听上去就是一大笔钱了。

假如你想向你的客户销售比较贵的东西，就要尽量缩小你的建议和客户之间当时实际情况的差距。了解客户时下的支付能力，不要害怕自己和竞争对手之间的差别，要清清楚楚地确认实际的差别。试图寻找任何一种可以把客户需要的产品分成若干单位小份的可能，然后以同样的小份为基础进行比较，从而表明你的建议是合理的。

假如要求较高，坚持一下是值得的，但是千万别把对方逼得走向你的对立面，尽量避免僵局的出现。如果你与你的客户私人关系很密切，这将非常有用。虽然这一过程花了你不少时间，却有可能让你获得百分之百的成功。

可是，如果你想得到高于竞争对手的价格，你就必须做好更大的心理准备——同时与客户和对手打交道。你必须首先向你的客户宣传你的产品的优越性，引起他的兴趣，激发他的热情，最后再告诉他价钱。你可以说明相同的价钱能买到什么样的产品，如果他不买你的东西会在价格上吃什么亏。但你要证明你的要价是公道的，否则他可能会怀疑你欺骗他们。要向他说明那些特性和原材料是价值所在。当客户跟你还价时，要时刻记住比你要价高的竞争对手，要毫不手软地引证他们的报价。因为在客户的眼里，你的对手的要价低是因为他的产品质量没有你的好。对此，你不要做出让步，让他自己去比较你与竞争对手间的差距。你还要告诉他，对于价廉的竞争者你从来不害怕，因为他们知道自己值多高的价。

销售中，你与客户的最初要求和开盘报价是很重要的，它往往形成了整个洽谈的一个框架，从而影响最终的成交，双方的利益也都系于此。所以，对于最初的报价有个很重要的原则，必须是最高可行价格，最初的要求也应当是最高的要求。

10. 你该知道的讨价还价回旋地

“应该还可以再便宜一点吧！”“你就不能再便宜一点儿吗？”……

每当销售员听到顾客说这句话的时候，都有一种自己快疯了的感觉，但即便如此，你也能从中获利。

为什么销售双方在你来我往的一轮一轮讨价还价中都感到疲惫不堪，却仍然乐于此道呢？可能主要的因素还是出自企业的评价制度吧，由于我们的评价制度不健全、不科学，导致业务人员即使开出了价也非最后的不可变更的价，而是留有余地的。

当业务人员听到客户讨价还价时，往往会觉得客户对这东西有兴趣，只要让一点价，生意就能成交。而事实上客户也有可能只是在试探底价，以便和你的竞争对手的底价进行比较。

身为业务员，当你碰到讨价还价的客户时，你要先确认问题在哪儿，确定客户是不是在其他店里看到同样的东西，但价钱却比你的更便宜。事实上别忘了告诉他：即便是同样的产品，你也不能单凭价钱来决定是否购买，因为，除了其本身的价格外，产品价钱可能还包括售后服务、运送等周边服务。换言之，你要告诉你的客户没有哪样产品真的是完全一样的。

有些销售员说："这是我的底价，我卖给你一分钱都挣不到，还要赔钱，要不要随便你！"可是，问题是这到底是不是真的底价？作为销售员的你也应该在心里有数吧？

那么在讨价还价的过程中，究竟我们有哪些选择呢？

以买卖房子为例，假若你是中间代理商，你向卖房子的人这样说："这是我们公司对这套房子内的家具能给你的底限。你可以考虑三天，如果你能接受咱们就成交，若你不能接受我就把订金退给你们！

要表达同样的意思，说法却有很多种。说法的不同也可能会改变意义。因此，会有如下的选择：

"内容"（目前正在谈的内容）

（1）这是我对房子、院子、家具的底价。

（2）这是我对房子的底价（假设其他东西以前已经讨论过了）。

（3）这是我综合考虑后的底价（所谓综合考虑可能包括契税费用、税务转嫁额等等）。

（4）这是我对房子的底价。当然，里面还包括了所有地上物、院子里的物品。

"结果"（假设没有达成协议，将会怎样？）

（1）如果三天以内不同意我的条件，请把票退还给我。

（2）如果三天以内不同意我的条件，请打电话给我。

（3）如果三天以内你没有给我答复，我会打电话给你。

（4）如果三天以内你不同意我开出的条件，我想，你就应该是没兴趣喽！

（5）三天内你没有和我联络，这笔生意就算了。

"坚定"（看对方对于可能性的结果，态度有多坚定）

（1、如果三天内你不同意的话，就把支票撕了，就当没这回事。

（2、如果三天内你不同意我开出的条件，那我就另做打算了。

（3、如果三天内你不同意我开的条件，那我们还是朋友。

（4、如果三天内你不同意我所开的条件，麻烦你退还我的支票，把这档事忘了。

（5、如果你接受我的条件，祝你好运！那麻烦你亲自跑一趟银行，把支票轧进你的户头。

"时间"（什么时候会发生？）

（1）如果三天内你不同意的话，我一个月内回来。

（2）你可以考虑几天，好好想想。

（3）考虑一下，如果你还是不感兴趣，那三天内把支票退给我。

（4）支票上的日期是三天以后，你可以好好考虑一下。

（5）别的地产中介可能没有这么快给你线索。

（6）不管你接不接受这个条件，都请通知我一下。

"底价"策略可能会增长交易的力量，也可能会减弱。如果你所提的"底价"不被对方信任的话，那这种力量必然减少。当然，在提最后条件时的用语和时机也是决定策略成败的重要因素。

当有人首先给你一个"最后底价"时，不要按照面值差决定是否接受，应先测试一下。下面这些建议或许对你有益。

（1）认真听清每个字，防止对方趁机占便宜；

（2）反应不要过度，最好是先不露声色；

（3）顾全对方的面子；

（4）假若在你能接受的范围内，甚至更高，也要不露声色，反而要板起面孔佯装生气；

（5）让对方知道一旦拒绝对他的损失会更大；

（6）你要装作一走了之来试探对方；

（7）适当的时候换个话题；

（8）提出更新的选择和解决方案；

（9）假若你看对方就快要开出"最后底价"，那你不妨先下手为强。

某地产经纪人正在向客户推销A、B两处地产，而其实他真正想要卖出去的是A房子，因此她在跟客户交谈时这样说：“您看这座房子怎么样？现在A房子已经在前两次被人看中了，要我替他们留着。所以你还是先看B房子吧！其实它也不错的！”

客户当然两座房子都要看的，而经纪人在客户的心中却留下了“A房子已经被人认购，肯定不错”的感觉，在这种心理暗示的作用下，他就会觉得B房子不如A房子。最后，带着遗憾走了！

过了几天，这位经纪人又高高兴兴地找到了他们，告诉他们：“你现在可以买到A房子了，你们真的很幸运，这么巧以前订购A房子的客户资金一时周转不过来，我劝他们不如暂时缓一缓。我那天看你们对A房子有意思，就特意给你们留下来了！”

听到这些，客户当然会在心里庆幸自己终于有机会买到A房子了，现在自己想要的东西送上门了。此时不买更待何时？

一桩买卖很快成交了。

第十三章

售后服务中必备的销售口才

很多销售员对客户的抱怨不以为然，认为只要能说服客户从钱包里掏钱就可以了，至于他们那些意见没必要太理会，其实这是大错特错的。

从某种意义上来说，客户是销售员的衣食父母。他们还应尊重客户，认真对待客户提出的各种意见及抱怨，并真正重视起来，这样售后服务才能得到有效改进。

1. 当客户向你抱怨时，你要认真坐下来倾听

客户意见是你不断进步的动力，通过倾听，我们可以得到有效的信息，并可据此进行创新，促进业务更好的发展。同时，你还可以正确识别客户的要求，然后传达给产品设计者，以最快的速度生产出最符合客户要求的产品，满足客户的需求。

在一次进货时，某家具厂的一个客户向销售员抱怨，由于沙发的体积相对大，而仓库的门小，搬出搬进的很不方便，还往往会在沙发上留下划痕，客户有意见，不好销。要是沙发可以拆卸，也就不存在这种问题了。两个月后，可以拆卸的沙发运到了客户的仓库里。不仅节省了库存空间，而且给客户带来了方便。

而这个创意，正是从客户的抱怨中得到的。

实际上，能够直截了当地向你抱怨的客户并不多。大部分不满意的客户只会静静地离开，然后会告诉每个他们认识的人不要跟你做生意！所以，当有客户抱怨时，千万不要觉得麻烦，要把处理客户投诉看作改变客户意见、留住生意的绝佳机会。以下是几种处理客户抱怨的方法，会使不利因素变为积极因素：

（1）让客户宣泄他们的情感，鼓励他们讲出他们的不满。

（2）永远不要与客户发生争吵。

（3）永远不要对客户使用“你说的不是问题”等这类挑战性的语言。

（4）尽可能礼貌地与客户交换意见。

（5）为所出现的问题负责任，不要找借口。即使是因为你的员工生病或是由于供应商的差错出现问题，那也与客户无关。

（6）立即采取补救措施。要保证向客户提供解决问题的方案，拖延只会使情况变得更糟。

（7）给一线员工足够的权力使他们能够灵活地解决投诉。给员工足够的空间使他们能够在关键的时刻对规则做一些变通。如果你不愿意这么做的话，那你就要保证你或者其他有权处理客户投诉的管理人员随时在场。

切记，当客户向你抱怨时，你要认真坐下来倾听，扮好听众的角色，有必要的话，甚至拿出笔记本将其要求记录下来，要让客户觉得自己得到了重视，自己的意见得到了重视。当然，光仅仅是听还不够，还应及时调查客户的反映是否属实，迅速将解决方法及结果反馈给客户，并提请其监督。

2. 掌握处理客户抱怨的成功模式

如何处理客户的投诉与抱怨，是售后工作中一项非常重要的组成部分。

客户提出抱怨或投诉，表示客户对销售中的工作不满意，售后服务工作中最刺手的就是处理此类事情。但是，处理好客户的投拆与抱怨就会收到良好的效果。客户有投诉与抱怨是表明他们对这笔生意仍有期待，希望能改进服务水平，他们的投诉与抱怨实际上是企业改进销售工作、提高客户满意度的机会。如果提出投诉与抱怨的顾客的问题能获得圆满的解决，那么其忠诚度会比从来没有遇到问题的客户高很多。客户的投诉与抱怨并不可怕，可怕的是不能有效地化解抱怨，最终导致失去客户。

处理问题的过程最关键，处理客户投诉与抱怨是一复杂的系统工程，尤其是需要经验和技巧的支持，妥善处理好此类事情，绝不是一件易事，如何才能处理好客户的投诉与抱怨呢？

（1）耐心多一点

在实际处理中，要耐心地倾听客户的抱怨，不要轻易打断客户的叙述，也不要批评客户的不足，而是鼓励客户倾诉，让他们尽情渲泄心中的不满。当你耐心地听完了客户的倾诉与抱怨后，当他们得到了发泄的满足之后，就能够比较自然地听你的解释和道歉了。

（2）态度好一点

客户有抱怨或投诉就是表示客户对产品及服务不满意，从心理上来说，他们会觉得是你的公司亏待了他。因此，如果在处理过程中态度不友好，会让他们心理感受及情绪很差，会恶化与客户之间关系。反之，若服务人员态度诚恳，礼貌热情，会降低客户的抵触情绪。

（3）动作快一点

处理投诉和抱怨的动作快，一来可让客户感觉受到尊重，二来表示解决问题的诚意，三可以及时防止客户的“负面污染”对业务发展造成更大的伤害，四可以将损失减至最少。一般接到客户投诉或抱怨的信息，即向客户打电话或通过传真等方式了解具体内容，然后在内部协商好处理方案，最好当天给客户答复。

（4）语言得体一点

客户对产品和服务不满，在发泄不满的言语陈述中有可能会言语过激，如果服务中与之针锋相对，势必恶化彼此关系。在解释问题的过程中，措辞要十分注意，要合情合理，得体大方，不要说伤人自尊的语言，尽量用婉转的语言与客户沟通。即使是客户存在不合理的地方，也不要过于冲动。否则，只会使客户失望并很快离去。

（5）补偿多一点

客户抱怨或投诉，很大程度是因为他们采用该产品后，他们利益受损。因此，客户抱怨或投诉之后，往往会希望得到补偿，这种补偿有可能是物质上（如更换产品、退货或赠送礼品等）也可能是精神上的（如道歉等）。在补偿时，如果客户得到额外的收获，他们会理解你的诚意而再建信心的。

（6）层次高一点

客户提出投诉和抱怨之后都希望自己的问题受到重视，往往处理这些问题的人员的层次会影响客户期待解决问题的情绪。如果高层次的领导能够亲自到客户处处理或亲自打电话慰问，会化解客户的许多怨气和不满，比较易配合服务人员进行问题处理。因此处理投诉和抱怨时，如果条件许可，应尽可能提高处理问题的服务人员的级别。

（7）办法多一点

很多企业在售后服务中，处理客户投诉和抱怨的结果就是给客户慰问、道歉或补偿产品、赠小礼品等，其实解决问题的办法有许多种。除上述手段外，可邀请客户参观成功经营或无此问题出现的客户使用产品的情况，或邀请他们参加内部讨论会，或者给他们奖励等等。

3. 学会处理客户抱怨的语言艺术

在处理客户投诉的过程中，销售员绝不能推卸责任地说：“这事不归我管”“这不关我的事”，更不能去教训客户，与其争辩。如果在客户抱怨发生的初期，销售人员若能巧妙地运用语言艺术加以缓和，把抱怨平息在萌芽状态，往往能起到事半功倍的效果。

（1）诚恳使用“非常抱歉”来稳定客户的情绪

一般在抱怨发生初期，客户常常都会感到义愤填膺、情绪非常激动，以至于措词激烈，甚至伴有恶言恶语。在这种情况下，销售人员先要冷静地聆听客户的全部委屈，全盘了解让他们产生不满的原因，然后再诚恳地向客户表示歉意，用“非常抱歉”“真是对不起”等话语来平息顾客的情绪。待客户情绪较稳定时，再商谈投诉之事，问题就容易解决了。

（2）妥善使用“请到贵宾室坐下来谈好吗？”

许多怒气冲冲的客户会在销售场所高声抱怨。在这些客户当中，有些人本来讲话的嗓门就大，加之情绪激动，嗓门就更大了；有些人是想借高声来压制对方，表明自己有理；也有个别的客户纯属于胡搅蛮缠。对于这些怨气冲天的客户，销售方即使增派调解人也无法使他安静下来。

特别是当抱怨的客户在一些店面型的销售场所大声吵闹时，会直接破坏销售的气氛，影响到其他客户的购物情绪，而有的客户也会只顾看热闹而没了购买兴趣，有的客户则也遇到同样的烦恼，往往会一走了之。而且，有的客户在情绪激动时，会说出许多不利于商店形象的话，诸如：“你们公司怎么尽卖些假冒伪劣品”“你们这家商店怎么这么不讲信誉”等，甚至该客户还对其他客户说：“千万别买这儿的东西，都是骗人的！”诸如此类，这样对商店的影响将会极其恶劣。

在这种情况下，销售员应该试着邀请客户到另外一种场合进行交谈，具体方法有：

① 可对客户说：“您看，站着讲话多不方便，请到贵宾室坐下来谈，好吗？”或者说：“这里太热，我们先到办公室喝点茶，再慢慢谈好吗？”

② 引导客户到招待室（办公室）坐下，最好先泡一杯茶或倒一杯果汁招待客户，让客户缓和一下他的情绪。“来先喝口茶，慢慢谈。”

③ 当客户到招待室后，情绪还不能平静时，调解人（或当事销售代表）可以对客户说：“我们现在正调查事件的原因，请您先休息一下。”或者说：“负责人马上过来，请您稍候。”然后关起门来让客户一个人留在里面，以平息他过于激动的心态。

对于那些大声吵闹的客户来说，突然远离争吵现场，独自一人待在空旷的招待室里，精神会一下子松弛下来，加之销售方为他提供舒适的场所和茶水以缓解情绪，他会很快地冷静下来。

如果他是自我反省力很强的客户，甚至还会为刚才的激动而暗暗后悔。这虽然是一种解决问题的好方法，但一定要注意让客户独自等待的时间要适当：太短的话，客户的情绪未完全缓和下来，容易再度发怒；如果时间太长的话，客户又会认为没人理他，可能火气更大。所以，一般让顾客等待2～3分钟为宜。

（3）不忘使用说“这是我的错”等的道歉语

如果客户是由于使有不当而造成商品损害，从而进行投诉的话，这在一定程度上应归咎于销售员在销售时未介绍清楚。因此，在处理这类抱怨时，销售员应诚恳地向客户道歉，坦率承认是由于自己交待不周而给对方带来损失与麻烦。

（4）礼貌使用语：“给您添麻烦了……”“为了表示歉意……”

客户花了钱，买回去的商品却发现有质量问题；或者发现不适合，以颜色不好等借口退还，应尽量满足客户的希望和需要。在办理退换货的手续时，说“真对不起，还让您多跑一趟”。“给您添麻烦了，为了表示歉意，这瓶香水我给您用包装纸包装一下”。

在向客户解释或说明时，应把握好以下两点：

① 说话语气要婉转，不能让客户感到难堪。

② 不能老强调自己的清白无辜。一般人不喜欢承认自己误会了别人，因此，销售员在解释的时候，一定会受到客户表面上的抵抗。他们很可能会用“我不可能冤枉你”或“我决不会那么糊涂，连这么简单的事情都搞不懂”等话语来为自己辩解，掩饰自己的过错。

在这种情况下，销售员不要反复强调自己是正确的，而应诚恳地告知客户，你并不是要使他难堪，只是想消除他的疑问和不满，这样，对方就比较容易接受你的说明了。

4. 处理客户抱怨最大的禁忌是火上浇油

那些产生抱怨的客户犹如一堆干柴，任何一点火花都会燃起满腔怒火。如果在沟通过程中，负责调解的销售员说话不慎、用语不当，就容易使客户更加火冒三丈，使矛盾更加激化。因此，在沟通中最好避免使用以下话语：

（1）这种问题连三岁小孩都会

当客户不了解商品特性或使用方法而向营业员询问时，销售员最容易说这句话，这句话极容易引起顾客反感，认为销售员是在拐弯抹角地嘲笑他，

（2）一分钱，一分货

当销售员说这句话时，通常会让客户感到销售员是在小瞧他，认为他买不起高档品，只配用廉价品，因此，会伤害客户的自尊心。

（3）不可能，绝不可能发生这种事儿

一般商家对自己的商品或服务都是充满信心的，因此，在客户提出抱怨时，销售员常常用这句话来回答。

其实，当销售员说这句话时，客户已经受到严重的心理伤害了，因为这句

话表示店方并不相信对方的陈述，怀疑他们是在撒谎，因此，必然引起顾客的极大反感。

（4）这种问题与我们无关，请去问生产厂家，我们只负责卖货

尽管商品是由厂家生产的，但是由于商品是在销售员手里销售出去的，所以就应当对产品本身的品质、特性有所了解。因此，以这句话来搪塞、敷衍顾客，表明销售员不负责任，不讲信誉。

（5）嗯……这个问题我不大清楚

当客户提出问题时，销售员的回答若是“不知道”“不清楚’，那么就会给客户留下一种不负责任的印象，从而会更加激化双方之间的矛盾。所以，作为一个尽职尽责的销售员，一定要尽一切努力来解答客户的提问，即使真的不知道，也一定会请教专门的人来解答。

（6）我决没有说过那种话

商场上没有“绝对”这个词存在，不管销售员说与没说，都不宜使用富有挑战意味的字眼，以免激起客户的逆反心理。

（7）我不会

“不会”“没办法”“不行”这些否定的话语表示的是无法满足客户的希望与要求，因此应尽量避免使用。

（8）这是本公司的规矩

“对不起，这是本公司的规矩”，以这种话来应付客户抱怨的销售员为数不少。

其实，公司的规矩通常是为了提高销售员的工作效率而制订的，制订相应的规矩与制度的目的是更好地为客户服务，而决不是为了监督客户的行为和限制客户的自由。因此，即使客户不知情而违反了所谓的规矩，销售员也不可以此作挡箭牌来责怪客户。

（9）总是会有办法的

这一句态度暧昧的话通常会惹出更大的麻烦。因为对于急着想要解决问题的客户来说，这种不负责任的说法只会让他们感到更加失望。

（10）改天我再和你联系

同样，这也是一句极不负责任的话。

在客户提出的要求或问题需要花费一些时间解决的情况下，最好的回答是："3天以后一定帮您办好""某月某日以前我一定和您联系"。

给客户一个明确的答复，一方面代表销售员有信心帮助客户解决问题，另一方面也不会让顾客感到是受愚弄。

以上是解决客户抱怨时应该避免使用的"禁言"，因为这些话语容易在有意或无意中对客户造成伤害，使抱怨升级，所以销售人员在面对客户的抱怨时，应该尽量避免使用。

5. 争执不能解决任何问题

一位女士来到一家服饰专卖店，销售员问："您好，有什么需要帮助的吗？"

"我上个星期在这里买了一套衣服，但昨天用洗衣机洗过以后，却出现了严重缩水的现象，这是怎么回事？"

"这款衣服啊，其他客户都没有反应过类似的问题。你确定你的洗涤方法是正确的吗？"

"是啊。"

"那你在洗过衣服之后，有没有把它拉展一下？"

"为什么？"

"这种料子的衣服必须这样处理，你在购买的时候我告诉过你了。"

"没有。早知道我就不买了。"

"我早就告诉过你，要看衣服牌子后的说明，算了。我再拿一套给你吧。"

"我不要另外一套，我要退货，请将钱退给我。"

与客户进行争论甚至于批评客户，这是销售员最大的失误，在上面的事例中，很明显是客户没有认真看这款衣服的洗涤说明所致。但销售员却以批评的语气对客户说话，严重挫伤了客户的自尊心，让客户丢了面子，导致了销售的失败。

不管客户的措辞如何偏激，销售员都尽量不要和客户起争端，因为争端不是说服客户的好方法。不论你和客户争辩什么，你都得不到好处。如果客户赢了，他就不会认可你这个人和你的产品。而如果你赢了，并且证明客户是错误的，他会感到自尊心受到了伤害，也会怨恨你的胜利，虽然你占了上风，但你失去了客户。

所以说，销售员应该尽可能不与客户争执，不要批评客户。争执和批评只能使问题更加恶化。

（1）对客户的感受表示认同

客户在投诉的时候，可能会表现出很多情感，如烦恼、愤怒、失望，泄气等，这是理所当然的。此时，销售员不要把这些表现当作对你个人的不满，你要知道，他的愤怒情感总是要找一个对象发泄，因此，客户冲你发怒，也仅是把你当作倾诉对象。

在客户有不满情绪时，为了维护好客户，理应给予重视和以最快的速度解决。所以销售员应该让客户知道你非常理解他的心情，非常关心他的问题。

销售员可以这样对客户说："李经理，实在抱歉让你感到不愉快了，我非常理解您的感受，请您……"

无论客户是否是对的，他所发现的产品问题是否是因为他误操作造成的，但他的情绪与要求都是真实的，所以销售员只有在认同客户的感受的基础上，才能进一步让客户说出问题，并找到解决方案。如果销售员一发现错误是因为客户造成的，就批评客户或对客户横加指责，这样不但不能解决问题，还会让客户的怒气更大，最终与销售员决裂。

（2）尽量克制自己的情绪

科学研究发现，当一个人面对另一个人的攻击时，会本能地做出搏斗或者逃走的反应，在这里，他的肾上腺分泌加快，心跳加速，身体自动会做出准备。这就是为什么销售员在遇到客户投诉时，要么想回避，要么心中会有股怒火，这些心态都会妨碍有效处理客户的投诉。因此，销售员应该学会抑制身体的这种反应，学会克制，让它回到安静的状态中去。

当顾客发怒、投诉时，就是向销售员施加压力，如果销售员以同样的态度对待顾客，顾客就会用更大的愤怒反击。但如果销售员克制住自己的情绪，以一种礼貌友好的态度对他，就会令顾客的怒火慢慢降低，直至恢复平静，这样问题就好解决了。

（3）说出客户的错误时要委婉

当销售员听完客户的投诉后，必须明确客户投诉的问题所在，责任所在。如果责任在产品或销售员这方，销售员应该毫不犹豫地向客户道歉，并提出相应的补救办法；如果责任在客户一方，因为他的使用不善或者误操作导致了问题的发生，销售员应该婉转地说出错误所在，不能正面直接批评客户。如：

“小姐，这个问题是因为错误操作造成的，说明书上有详细的操作方法，是我的问题，很抱歉在你购买产品的时候没有详细讲解给您听，我现在讲给你好吗？”

当客户发现问题在自己，而你又这么委婉时，他就不会对你再有什么恶意，而是在心中充满了感激。

6. 学会将意见客户变为忠实顾客

精明的销售员决不采取商品售出后即置客户于不顾的方式。一个有经验的老推销员说过：“最好的潜在顾客就是目前的顾客。”如何留住老顾客，并以此发展新顾客，其最主要的方式是通过售后服务来检查顾客的满意程度。电话征询是最便捷的沟通方法。

例如，广州有一家护肤品销售公司，对其销售人员提出了“333售后服务”的要求。

（1）3天后

即在顾客购买产品3天后，销售员就应该打电话了解顾客对产品的使用方法，其目的是及时发现顾客使用产品中的不妥，给顾客带去非常关心他的感觉。

推荐用语；

“张小姐您好！我是某某公司的美容顾问，您前天在商场买的晚霜开始用了吗？”

“这个产品由于营养成分高，您使用时应注意……您是这么用的吗？”

“好，每天坚持用，过一段时间一定会有效果的。”

“使用中，您随时可打电话给我。”

（2）3周后

顾客购买产品3周后，销售员要打电话倾听顾客的使用感觉。其目的是了解顾客对所使用产品的感觉，树立顾客对品牌的信心。

推荐用语：

“我们的产品您使用后满意吗？”

“您使用后的效果明显吗？用与不用不一样吧？”

“我们许多顾客在使用产品3周后，都反映效果不错，您用了感觉怎么样？”

（3）3个月后

顾客购买产品3个月后，销售员要适时了解顾客皮肤的改善情况及进一步的需求。其目的是跟进服务，扩大销售。

推荐用语：

“您对我们的产品和服务有什么意见吗？”

“您的皮肤状况一定有所改善吧，有时间的话，请来我们专柜，我给您测试一下。”

“现在季节转换了，人的皮肤随着季节的变换，有不同的护理要求，我们公司最近刚好进了一批新产品，很适合您，有空来看看。”

“产品用完了吗？经过3个月，您可以进一步用某某系列的产品了。”

请注意：不要每次打电话都邀请顾客来柜台购买商品，这样会让顾客产生您不是真正关心他的皮肤而是关心他的钱的感觉。

7．“谢谢”是最简单有效的办法

有位销售冠军在介绍自己的推销经验时，谈到了他拓展业务的三个“谢”

字。

第一个谢——每天出门推销回来，按照已拜访的客户名单——不管他们是否购买，都分别打电话道谢一次。

第二个谢——如果当日太忙，则会在稍后几天内分别给客户写信道谢。

第三个谢——在适当的时候，登门拜访，当面向客户表示感谢。

有人问他为什么对未购买的客户也要致谢，他回答说："如果只会向'钱'道谢，那就不是优秀推销员。优秀推销员之所以优秀，是因为他们懂得'感恩'。人家客户那么忙，还肯抽空接待我们，他们虽然未能购买我们的产品，但他给予我宾客般的礼遇，岂是一次刻意的道谢所能报答的？"

而之所以在达成交易之后给客户写封信，是基于以下考虑：

（1）接到客户的订单而表示感谢，是商场上的一种礼貌。

（2）与客户沟通感情，建立关系。

推销员和客户之间的关系是慢慢建立起来的。我国有两句谚语"一回生，二回熟，三回见了是朋友""亲戚越走越亲"，说的就是双方的感情关系随着相互交往次数的增加而增加。推销员跟客户的接触越多，彼此的关系就会越亲密。写信是接触客户的方法之一，也是成本最低廉的方法。

（3）减少了客户"买了以后又后悔"的感觉。

一般人在买了东西以后，常有"悔不当初"的感觉。他们往往在事后产生过多的联想，如"产品是不是真的像他说的那么好？""产品坏了的时候，他们真的能及时提供服务吗？"等等。但是当客户接到推销员的感谢函以后，这种感觉即会消失。

对那些没有成交的客户，销售员可以写信感谢他热情接待，强调生意不成人情在。对成交的客户，可以写信称赞他做了一个好决定，购买了一个令他满意的产品；告诉他，对产品和服务有什么不满意的地方请说出来，保证向他提供良好的服务。

为了使写给客户的信起到良好的作用，这位销售状元还想出了一些新颖的办法。比如把利用出差时机在各地拍下的自然美景和人文景观寄给客户，让客户一同欣赏。知道一些客户喜欢集邮，给他们寄信时就贴上纪念邮票。还利用自己认识人多、联系面广的特点，搜集一些对客户工作、生活有帮助的信息，告诉客户。

由于写给客户的信对客户都有帮助，因此，客户自然乐意收信、看信，感情无形中也就越来越深，关系自然越来越好。

销售员给客户写封信的意义不在于信，而在于与客户保持联系，融洽关系，沟通感情。推销员与客户保持密切的关系，可以战胜所有的竞争对手。西方企业界流传的一句格言是："你忘记客户，客户也会忘记你。"因此，作为一个推销员，永远不要忘记客户，也永远不要被客户忘记。

与客户保持联系，除了写信外，还可以打电话或登门拜访。成功销售者往往奉行三勤主义，即手勤——经常给客户写信；嘴勤——经常给客户打电话；腿勤——经常登门拜访客户。为了与客户保持联系，不妨给自己制订几条原则：

（1）对于没有成交的客户，要给客户打个电话或写封信。

（2）对于一次新的交易，第二天就寄出一封感谢信，向客户确认自己答应的发货日期，并感谢他们的订货；在发货之日，同样要写信或电话联系，告诉客户，货已发出；在估计客户可能收到货物时，再联系，询问客户是否收到货物，以及产品是否正常工作。

（3）在客户的生日，寄去一张生日贺卡，这是有效的一年联系一次的好方法。

（4）建立一套客户档案和他们购买产品的清单，当产品的用途和价格出现任何变化时，都要及时通知客户。

（5）做好路线计划，以便外出推销时，能够前去拜访那些买过产品的人。

（6）如果客户不是经常购买，可以进行季节性访问。

与客户保持良好的感情关系只是联系客户的目的之一而不是全部，销售员还要借助与客户的联系让客户为你推荐新客户。

8. 战无不胜的客服两法宝

要热衷于后续服务，即使你还没有发现最有效地进行后续服务的方式，长久进行此方面的实践比不做要好得多。要坚持不懈地对你的预期客户、现有客户开展后续服务。最重要的是，要把后续服务看作是通往成功的必由之路。下面的方法你可以参考使用。

（1）用征询和招呼式服务赢得信赖

在市场中，我们的推销，不是你选择客户，而是客户选择你。为了保证自己的业务顺利进行下去，还应该与客户保持联系，关心他并主动询问客户的想法和需要，从而赢得信赖。

你要与每一位客户保持联系，打电话或是顺道拜访都可以，而且这些活动应开始于你的产品送到他手上，或你一开始提供服务时就探询他对产品是否满意，如果不是，你得设法让他心满意足。

原一平认为："主动询问客户的想法和需要，是赢得信赖和取得意见的好方法。"

不管任何时代，从事商业活动都必须注意服务。尤其是新产品陆续出现，更应该重视服务。一般来说，经验丰富的销售员除了在推销上用尽心思外，更会在服务上给予客户更多的关心。而在产品不足或发生障碍时所做的服务，更是重要。例如，天气开始炎热而需要用电扇时，不妨问问客户："去年生产的电扇有没有毛病？"或"我们的商品是否令你满意？"

这就是所谓的"招呼式的服务"。

这种完全属于问候性质的服务虽然不可能马上就有什么结果，但让人听起来会比什么都高兴，而且会觉得你值得信赖。

销售中，广纳客户的意见，并加以利用，不仅会满足客户的要求，使企业立于不败之地，还能及时消除客户对我们的不满情绪，打开推销路线。

国庆节期间，一位客户申请安装一部固定电话，一切都按客户的要求进行安装。可不知哪个环节使这位客户不满意。在重新安装时，他又有抱怨，而且说了好几句难听的话。在场的装机维护中心的主任一言不发，静静地看着那位客户，不气不恼，样子很像认真聆听的小学生。足足半小时，客户累了，终于歇了口，看着不动声色的主任，开始为自己的举动而内疚。他对主任说："真不好意思，我的脾气不好。被我这样吵闹，你还不在意。"主任说；"没事，没关系，这些都是你的真实想法，我们会虚心接受的。"

事情过去后，出人意料的是，这位客户又陪朋友到电信局申请安装一部电话。现在主任和他还成了好朋友。

所以当你与客户发生意见分歧时，不妨耐心聆听客户的意见和抱怨，不要害怕自己会失去面子。失去面子往往能赢得面子，赢得尊重，最终赢得客户，赢得生意。

主动关心询问客户的想法和需要，广纳意见是提高推销效益的法宝。只有掌握了这一法宝，才会在竞争中立于不败之地。

（2）靠高级服务化解一切问题

如果你是一名销售员，到客户那里又确实发现客户说得最多的就是这两句话："你们的产品价格太高！""卖你们的产品不赚钱！"大部分销售人员只能面露苦笑，一脸尴尬；有些聪明的销售员就会要起请吃、请玩、抽烟的小花招转移话题。

而销售管理者和总经理面对"价格高"和"不赚钱"两大营销难题常常采取的办法是采取促销、返利或降价等措施，但是，又发现即使反复采取这些措施后，销售人员回来说得最多的还是这两句话，似乎"价格高"和"不赚钱"两大营销难题根本没有也没法得到解决。时间一长，管理者还认为是销售人员是在找借口或托词，或是客户不想好好地卖我们的产品，而故意找借口或托词。

其实通过优质服务就能解决"价格高"和"不赚钱"两大营销难题。

我们要使客户经销我们的产品和服务时让他们能赚到更多的钱，或者使用我们的产品和服务时，让他们获得到的利益不单单是产品或服务的直接的功用，还有一种精神上或思想上的满足，价值得到体现，或具有成就成功感。

营销副总李港也遇到了这个问题，一姓盛的经销商年销售额过亿，规模做得很大，企业经营得很成功，很受大家尊重。李港就给这经销商打电话，请他把营销人员组织起来为他的公司进行为期两天一晚的免费营销培训。盛老板高兴得不得了，并安排了公司所有的员工都参加。培训结束后，奇迹出现了，盛老板亲自开他的专车陪他。他就是这样轮番地为经销商提供培训和辅导，帮助经销商解决销售和管理难题，不仅所负责的企业销售业绩翻番式的增长，而且，几乎听不到客户说“你们的产品价格太高”和“卖你们的产品不赚钱”两句话。这里一个很重要的原因就是客户在与我们开展业务合作的过程中学到了东西，掌握了管理和营销的工具和方法，使得自身经营水平和盈利能力得以提高。也就是说，我们在给客户提供物质利益的同时，提供了比物质利益更加难以得到的利益。当绝大部分企业营销人员还停留在请客户吃饭、喝酒、洗桑拿（也是物质利益的组成部分）的时候，而李港增加了“授人以渔”这种过程利益，市场表现和竞争结果可想而知。

一般来说经销商的管理能力要比企业弱，经销商的人员素质要比企业差。企业有专业的财务人员、销售人员、管理人员和市场推广人员，经销商那可能是亲戚或朋友居多。很多经销商在发展到一定的时期以后，非常想接受管理、营销、人力资源方面的专业指导。

当然，向客户提供这种利益的途径和方式方法是多种多样的，下面介绍几个技巧：

① 帮助客户赚钱。

优秀的生意人都知道，要自己赚钱必须先让别人赚钱，要别人做你的朋友，必须先把别人当朋友。在交谈中你让对方觉得能得到好处，比如说使用你的产品可以帮助他增加50％利润，或者你们的合作会帮助他有更好的业绩增长，我想任何人都会愿意的，那交流起来就会很融洽。

② 帮助客户省钱。

客户购买的总原则是，同样质量的商品，如果价格不同，那他一定会买便宜的。所以，如果你的价格比别人低，往往都是可以促使合作成功的。

③ 帮助客户做省时省力的事。

如果能做到这点，客户就是多花点钱也会买你的产品。

④ 帮助客户提供有用的资讯。

优秀的人都知道资讯的重要性，资讯就是资金，所以你要尽可能地提供一些有用的资讯给客户，他就会感激你。

⑤ 帮助客户提高地位和成就感。

如果客户跟你的合作能够提高他的地位，能够提高他的成就感，可以让他的生命变得更有价值，那他当然感兴趣。

⑥ 帮助客户寻找快乐的感觉。

现在由于工作上的压力，每个人或多或少都想要放松，想要寻找快乐，想要发泄情绪，如果在这些方面能为客户做点什么，对今后双方的合作将有好处。

能够切实满足客户需求，并为客户真正创造价值的销售人员和企业，会得到客户的喜欢、尊敬和信任。你也一定会得到客户的口耳相传；反之亦然。不要急功近利地单纯考虑眼前的销售业绩，而要着眼于与客户的双赢，这才可能实现你的长远目标。

9. 维持客情、精明收款 10 路数

作为销售员，把产品销出并非就完成了任务，还应该把账款收回来。严格说，货款没有回收之前的销售并不能称为真正的销售。只有货款及时回收，公司资金周转才能加快，效益才能变好，你的销售提成也才能拿到，货款及时回收意义重大。回收账款是销售员的一项义不容辞的职责和重要任务。当前，由于商业信用普遍不高，企业的风险很多是由销货后客户不能及时回款造成的，货、款无归已成为困扰企业正常经营的“老大难”问题。销售员在账款回收的过程中会遇到这样那样的情况。这里提出10条“收款”的路数供销售新手们参考使用。

（1）要有防人之心

对新客户或没有把握的老客户，无论是代销或赊销，交易的金额都不宜过大。宁可自己多跑几趟路，多结几次账，多磨几次嘴皮，也不能图方便省事，

把大批货物交给对方代销或赊销。须知欠款越多越难收回，这一点非常重要。

有些新客户，一开口就要大量进货，并且不问质量，不问价格，不提任何附加条件，对卖方提出的所有要求都满口应承，这样的客户风险最大，可能还怀有欺诈目的。作为销售新手的你，遇到这样的人，一定要小心，多和领导商量，以防栽跟头。

（2）要有坚定信念

一些销售员，特别是销售新人，在催款中会表现出某种程度的怯弱。一个人在催收货款时，若能信心满怀，遇事有主见，往往能出奇制胜，把本来已经没有希望的欠款追回。反之，则会被对方牵着鼻子走，本来能够收回的货款也有可能收不回来。因此，这里一个很重要的问题是必须要有坚定的信念。

还有的销售员认为催收太紧会使对方不愉快，影响以后的交易。如果这样认为，你不但永远收不到货款，而且也保不住以后的交易。客户欠货款越多，支付越困难，越容易转向他方（第三方）购买，你就越不能稳住这个客户，所以还是加紧催收才是上策。

（3）写清交易条件

为预防客户拖欠货款，在交易当时就要规定清楚交易条件，尤其是对收款日期要作没有任何弹性的规定。例如，有的代销合同或收据上写着“售完后付款”，只要客户还有一件货物没有卖完，他就可以名正言顺地不付货款；还有的合同或收据上写着“10月以后付款”，这样的规定今后也容易扯皮。

另外，交易条件不能由双方口头约定，必须使用书面形式（合同、契约、收据等），并加盖客户单位的合同专用章。有些客户在合同或收据上仅盖上经手人的私章，几个月或半年之后再去结账时，对方有可能说，这个人早就走了，他签的合同不能代表我们单位；有的甚至说我们单位根本没有这个人。如果加盖的是单位的合同专用章，无论经手人在与不在，对方都无法推脱或抵赖。

（4）防止倒债

交易达成之后，要经常观察客户的经营状况，及时察觉其异动。防止因客户破产、倒闭而可能给公司带来的损失。防止倒债，把风险降低到最低点，这是每个企业都非常关心的大事。一家公司在倒闭前，一般事先会有一些征兆出现，如：

① 付款途径和方式变化，原来是通过工商银行结款，突然变成农业银行结款；小额付款比较干脆，大额付款拖延，这些都是不正常现象。② 采购渠道变化。客户突然中止原有的进货渠道，另寻新家，或突然转向我们公司进货。或毫无正常理由，突然大幅度增加订货量，或进货额突然减少。③ 营业状况的变化。诉讼增多，处理并不滞销的库存商品，胡乱倾销，大幅降价抛售商品。客户单位的员工辞职者突然增多，老板插手毫不相干的事业或整天沉溺于声色之中。还有些外部环境的变化也要及时察觉，例如客户附近的房子上用红漆写下了“拆迁”字样，说明客户商店近期内就要关门拆迁。如果发现这些情况，要立刻结账，防止客户不知去向。

（5）事前就提醒

对于支付货款不干脆的客户，如果只是在合同规定的收款日期前往，一般情况下收不到货款，必须在事前就催收。

事前上门催收时要确认对方所欠金额，并告诉他下次收款日一定准时前来，请他事先准备好这些款项。这样做，一定比收款日当天来催讨要有效得多。

如果客户太多，距离又远，可事先通过电话催收，确认对方所欠金额，并告知收款日前来的准确时间。或者把催款单邮寄给对方，请他签字确认后再寄回。

（6）上门催款

到了合同规定的收款日，上门的时间一定要提早，这是收款的一个诀窍。否则客户有时还会反咬一口，说我等了你好久，你没来，我要去做其他更要紧的事，你就无话好说。

登门催款时，不要看到客户处有另外的客人就走开，一定要说明来意，专门在旁边等候，这本身就是一种很有效的催款方式。因为客户不希望他的客人看到债主登门，这样做会搞砸他别的生意，或者在亲朋好友面前没有面子。在这种情况下，只要所欠不多，一般会赶快还款，打发你了事。

收款人员在旁边等候的时候，还可听听客户与其客人交谈的内容，并观察对方内部的情况，也可找机会从对方员工口中了解对方现状到底如何，说不定你会有所收获。

（7）超过额度停止发货

这样做是为了防止客户倒债，给公司造成损失。这要求给每个客户限定一个信用额度（赊卖到某个程度的限度）。比如，某个客户的信用额度为万元，但他欠公司的钱达到万元后，他如果还要向公司订货，公司就应该拒绝。只有当他结清账款后，才继续给他发货。

（8）强硬对待

对于付款情况不佳的客户，一碰面不必跟他寒暄太久，应直截了当地告诉他你来的目的就是专程收款。如果收款人员吞吞吐吐、羞羞答答的，反而会使对方在精神上处于主动地位，在时间上做好如何对付你的思想准备。

一般来说，欠款的客户也知道这是不应该的，他们一面感到欠债的内疚，一面又找出各种理由要求延期还款。一开始就认为延期还款是理所当然的，这种客户结清这笔货款后，最好不要再跟他来往。

如果客户一见面就开始讨好你，或请你稍等一下，他马上去某处取钱还你（对方说去某处取钱，这个钱十有八九是取不回来的，并且对方还会有“最充分”的理由，满嘴的“对不起”），这时，一定要揭穿对方的“把戏”，根据当时的具体情况，采取实质性的措施，迫其还款。

如果只收到一部分货款，与约定有出入时，你要马上提出纠正，而不要等待对方说明。

（9）发挥缠劲

销售员要有一定的缠劲。如果经过多次催讨，对方还是拖拖拉拉不肯还款，一定要表现出相当的缠劲功夫。到客户那里一定要做好打持久战的准备，有时坐在那里不走也很奏效。如果再有一些感人的表现，打动了客户那里的人，对客户造成压力效果也好。要注意：

不要感情用事。有的客户会套近乎：“小张啊，我们一向感情好，平时我对你不错，这次放一马吧！”作为新手，常常就会碍于情面，不能这样，要不为所动。

不能陷入圈套。客户会诉苦“现在手头比较紧，把你的结清了，明天就该破产了”等等。决不能心一软陷入这种圈套中。

丑话说在前面。必要的时候对客户说“如再不结款，我们会停止和你的业务。”“如再不结款，公司就会起诉你们。”或“我今天来的目的就是要把货款结清，不结账我今天是不会离开的。”你手头紧，我们手头比你更紧，你穷我们比你还穷。

对方向我们作三次揖，我们要回对方四次揖，反正就是要结款。

或者在侦知对方手头有现金时，或对方账户上刚好进一笔款项时，就即刻赶去，逮个正着。

一系列软磨硬缠的功夫都不奏效时，就只有使用最后两个“杀手锏”：一是把货拖回去（如果还未销售的话），另一个就是请求法院强制执行。

（10）见好就收

如果你的运气好，客户给了钱，注意在收款完毕后再谈新的生意。这样，生意谈起来也就比较顺利。如果在一个付款情况不好的客户处出乎意料地收到很多货款时，就要及早离开，以免他觉得心疼。另外，并要告诉他××产品现在正是进货的好机会，再过10天就要涨价若干元，请速做决定以免失去机会等等，还要告诉他与自己联系的时间和方法，再度谢谢他之后，马上就走。

参考文献

[1]［美］吉特默著．销售圣经．陈召强译．北京：中华工商联合出版社有限责任公司，2009.

[2] 杜云生著．绝对成交．广州：广东南方日报出版社，2008.

[3] 李智贤著．电话销售实战训练．北京：机械工业出版社，2008.

[4]［美］福瑞斯著．提问销售法．侯金刚译．北京：万卷出版公司，2010.

[5] 孙路弘著．用脑拿订单．北京：中国人民大学出版社，2006.

[6] 王宏著．房产销售人员超级口才训练．北京：人民邮电出版社，2010.

[7] 孟昭春著．成交高于一切．北京：机械工业出版社，2007.

[8] 张利庠著．王牌营销员培训宝典．北京：北京大学出版社，2006.

[9]［美］崔西著．博恩·崔西销售圣经．路言春译．北京：化学工业出版社，2010.

[10] 卜鹤编著．超级说服力．天津：百花洲文艺出版社，2009.

参考文献

[1] [illegible]. 北京: [illegible], 2009.

[2] [illegible], 2002.

[3] [illegible], 2008.

[4] [illegible], 2010.

[5] [illegible]. 北京: [illegible], 200[illegible].

[6] [illegible]. 北京: [illegible], 2010.

[7] [illegible]. 北京: [illegible], 2007.

[8] [illegible], 2006.

[9] [illegible], 2010.

[10] [illegible]. 天津: [illegible], 2009.